講演

働き方改革時代の労働法制の動向と展望

荒木 尚志

目 次

[はじめに]
Ⅰ 労働法の体系と近時の展開
Ⅱ 雇用システムの変容と労働をとりまく環境変化
  1 労働市場
  2 労働者
  3 企業（使用者）
  4 労使関係
Ⅲ 環境変化への労働法の対応：1985年～労働法は立法の時代へ
  1 規制緩和
  2 再規制
  3 新規制
    A 新たな価値への対応
      a 雇用平等法制
      b ワーク・ライフ・バランス法制
      c 高齢化社会への対応
    B 企業組織再編への対応
    C 紛争処理システムの整備
Ⅳ 労働法政策の課題と展望
  1 労働法政策の展開状況と課題
  2 規制のあり方：ルール（規範）の多様化

A　規範自体の多様化
　　　B　実体規制と手続規制
　　　C　手続規制の担い手——従業員代表制？
　　　D　多様化する労働者と差別規制
　　　E　セーフティーネットの再構築
　3　法規制の実効性確保
Ⅴ　働き方改革時代の労働法：非正規雇用法制の展開と「同一労働同一賃金」論
　1　働き方改革と労働法制
　2　非正規雇用政策と「同一労働同一賃金」論
　　　A　「同一労働同一賃金」論の経緯
　　　B　そもそも「同一労働同一賃金」原則とは
　3　日本における非正規雇用の格差是正政策の展開
　　　A　人権に基づく差別禁止規制はあるが，非正規雇用の格差是正規制は不存在
　　　B　2007年改正パート法旧8条
　　　C　2012年労働契約法20条：有期契約であることによる不合理な格差の禁止
　　　D　2014年改正パート法
　4　近時の裁判例の展開
　　　A　長澤運輸事件・東京地判平成28年5月13日労判1135号11頁
　　　B　同事件・東京高判平成28年11月2日労判1144号16頁
　　　C　不合理性判断は個々的or全体的
　5　「合理的理由のない処遇格差の禁止」の意味
　6　若干のコメント
　　　A　同一労働同一賃金論による規制の後に来る雇用システム
　　　B　非正規雇用の処遇改善政策
Ⅵ　最後に

［質疑応答］
［レジュメ］

【講師】
はじめに
　本日は，「働き方改革時代の労働法制の動向と展望」というタイトルになっていますが，前半は現在の労働法はどういうものかということを簡単にお話しします。そして，後半で，働き方改革として「同一労働同一賃金」「長時間労働規制」さらには「解雇の金銭解決」などが政治的なアジェンダになっている中で，皆さんも関心が高いと思われます同一労働同一賃金の問題について少し詳しくお話をさせていただこうと思います。

Ｉ　労働法の体系と近時の展開
　労働法は，伝統的には，憲法27条と28条が根拠となって制定，展開されているとされてきました。そして，労働法は，個別的労働関係法，集団的労働関係法，それから労働市場法（職安法や派遣法のように求職者と求人者のマッチングについての規制）の3分野があるとされ，私もそのような理解に従っております。
　私が少し独自のことを言っておりますのは，個別的労働関係法についてです。伝統的には，個別的労働関係法は，全て憲法27条2項の「賃金，就業時間，休息その他の勤労条件に関する基準は法律でこれを定める」という規定を根拠に制定されていると説明することが多かったのですが，2007年に労働契約法が制定されますと，個別的労働関係法の全てを憲法27条2項，あるいは3項（児童の酷使の禁止）の規定を根拠として考えることでいいのだろうかという疑問が生じました。そこで私は，個別的労働関係法には，罰則や行政監督という公法的な規制を使って個別的関係を規律する「労働保護法」と，広い意味での「労働契約法」の二つに分けられると考えるに至りました。2007年の労働契約法は，裁判所が判例法理として展開してきた契約法理を受けて制定されたのですが，

このように公法上の担保を持たない純然たる民事規範のルールという分野があるわけです。この分野は，最低労働基準を法定することを求めた憲法27条2項に根拠があるというより，民法における雇用に関する規定の特別法と位置付けるのが妥当と考えました。

「労働保護法」も実は二つに分かれており，憲法27条2項に直接対応する「労働条件規制法」の他に，「労働人権法」，すなわち労働者の基本的な人権を保障するような規制や男女の雇用平等を定めた男女雇用機会均等法のように，憲法の人権規定に根拠があると見るのが自然なものもあります。そうすると，個別的労働関係に関する法全体を憲法27条2項で捉えるべきではなく，個別的労働関係法を大きく「労働保護法」と「（広義の）労働契約法」に分け，「労働保護法」をさらに「労働人権法」と「労働条件規制法」に分けて把握するのが妥当ではないかと考えています。

これは労働法の守備範囲が，ある意味では広がってきているということかもしれません。

実は2009年に最初に労働法の体系書を書いたときは，まだ規制緩和，新自由主義の思潮が強く，労働法などというものがあるから日本経済がうまくいってないという労働法不要論も相当強く主張されていました。そこで，改めて労働法の必要性について考えましたが，労働関係には六つの特色があり，そのことが労働法という独特の法体系を要請していると解されます。

まず，よく言われているように，交渉力が使用者と労働者とでは違うということです（①）。

次に，労働関係というのは経済学では労働力の売買のように言いますが，売買といっても物の売買とは違い，労働力の売買は生身の人間，人格と切り離して考えることはできないという人的な関係があるということです（②）。

また，他人決定性あるいは契約の白地性・不完備性という特色があります。経済学では，なすべき債務が全部契約に書かれている契約を完備契約と言いますけれども，労働契約は労務の内容が特定されておらず，使用者が指揮命令権を行使して具体的な労務内容を一方的に特定するという白地性があります

(③)。

　そのほかに，一回きりの売買契約とは違って，労働契約のような継続的な関係では，契約関係の当事者の変化，契約を取りまく社会・経済情勢の変化に従って，契約内容を調整しなければ不合理だということで，就業規則の不利益変更法理なども必要となってきます（④）。

　さらに，労働契約は，一般的に組織，企業の中で集団的に労務を提供するという集団的・組織的就労関係であるという特徴があります。もちろん，一人きりで労務を提供するということもあり得ますけれども，普通は集団で労務を提供します。そうすると，自分は音楽をかけながら労務提供をした方が効率がいいという人もいるかもしれませんが，そんなことをされたら周りの人は迷惑ですから，勝手に音楽をかけてはならないというように，周りの人と調和しながら，つまり企業秩序を守りながら就労をしなければいけないという，集団的な就労関係，組織的な観点からの規制があり，それを守らなければ懲戒処分などもなし得ることになります。普通の契約では，債務不履行については履行を催告したり，解除したり，損害賠償をすることはできますけれども，契約の相手方を懲戒することはできません。しかし，労働関係で懲戒処分が認められているのは，この集団的・組織的関係のもとでの労務提供という特色があるからだと思われます（⑤）。

　それから，普通，法律関係は，法律があり，私人がいて，私人と私人との間の契約に規範を適用するという関係だと思いますが，労働関係の特色は，国家の作った法律と個別の労働者の間に，中間団体たる労働組合があって，労働組合が労働協約という別の中間的な規範を設定しているということです。その結果，国家の法律と個別の契約の間に労働協約があって，契約と協約の関係や協約と法律の関係という三者の規範の調整を考えなければなりません。ですから，アクターとして考えれば，個別の労働者，使用者，法律の他に，労働組合，さらには労使協定を締結する過半数代表という集団的な行為者が入ってきて，それがまた独特の規範を設定しています。これが労働法の一つの特殊性といえるだろうと思います（⑥）。

このような六つの労働関係の特殊性を考えると，これには特殊な法的ルールが必要であり，やはり労働法を廃止して，あとは民法の問題として市場に委ねてよろしいということにはならないと考えられます。

　こうやって六つの特徴を見てくると，労働法は労働者の保護のためにあると解されており，確かに①から③のファクターは弱者たる労働者の保護を要請する事項と言えますが，しかし，④や⑤は労働者保護を要請する事項かというと，そうではないと思われます。就業規則の変更が合理的であれば，同意しない労働者も拘束されるというのは，労働者を保護しているかというと，そうではなくて，継続的な契約関係に合理的な処理が必要であるために形成されたルールなのではないか。それから，集団的・組織的関係だから懲戒処分が可能というルールも，労働者保護ではなくて組織的・集団的な関係に妥当なルールとして要請されているのではないか。さらに，⑥は労働者の保護というより独特の集団的な法理であり，場合によっては労働組合と労働組合員の利害対立という問題もあって，組合が組合員を統制処分することもあります。

　このように考えますと，労働法は労働者を保護するために存在するという捉え方は，労働法の主要な任務を捉えたものではあるが，それでは今日の労働法の把握としては狭い。現代の労働法は，使用者，労働者，国家，まだ雇われていない失業者など労働に関係する者の全体の利害を適切に調整するルールの総体と捉えるべきではないかと考えています。

Ⅱ　雇用システムの変容と労働をとりまく環境変化

1　労働市場

　労働市場の状況は，若年労働力が豊富で，いわゆるピラミッド型の人口構造だったところから，だんだんビア樽型になって，将来は逆ピラミッド，すなわち少子高齢化になって若年労働力が不足するというように変わってきています。

2　労働者

　少子高齢化で労働力が減少してきますと，現在，労働者でない方に労働市場

に参入してもらう必要があります。そのために，女性に結婚・出産・育児等により退職をせずに市場にとどまってもらう，あるいは高齢者にも引退せずに働いてもらう施策が要請されます。

　もう一つのオプションは外国人労働者です。しかし，諸外国は外国人労働者の受け入れを行ったものの，大体において失敗しています。日本は外国の失敗に学んで，外国人労働者の導入には慎重で，女性や高齢者の参入に力を入れています。

　そうすると，これらの方はパートタイマーや定年後の嘱託という非正規の形で雇用されることが多いですから，非正規雇用が増えるということにもなります。実際，1990年頃は労働者全体の8割が正社員，2割が非正規でしたが，現在は非正規の比率が4割近いという状況になってきました。このように労働者の多様化が進展してきました。

3　企業（使用者）

　企業はどうかといいますと，右肩上がりで高度成長していた時代は外国に追いつけ追い越せということで，既存の技術を模倣してうまく改良するということで成長してきたのですが，今や世界のフロントランナーとなって先進国と対等に競争しなければいけないし，さらにアジア諸国からは価格競争で追撃を受けるということで，非常に厳しい状況になってきました。

　そこで，コーポレート・ガバナンスを変えないといけないということも言われているわけです。コーポレート・ガバナンスについては，かつて，ドイツが1970年代に共同決定法を制定して，従業員の利害を反映した従業員参加モデルを採用した際に，日本でも共同決定法のようなモデルを作るべきかが議論となりました。その時の日本の議論について，神田秀樹先生や江頭憲治郎先生が書かれていますが，結局，日本では共同決定法は不要であるということになった，不要であるというのは，そのような法規制を入れなくても，ずっと前から日本の企業は従業員の利益を最優先に経営している，すでにステークホルダーモデルは採用されている，ということでした。日本の企業には，そういう事実上のステークホルダーモデルがあったのですが，90年のバブル崩壊以降，商法上，

企業は株主のためにあるはずだから、株主の利益を最大化するようなシェアホルダーモデルのガバナンスをしなければいけないということで、委員会設置会社、すなわち外部取締役が過半数を占める委員会を設置して、株主の利益をより反映した経営をしなさいという議論になりました。

極端な例を言いますと、アメリカのように余剰人員がいた場合には、どんどん首を切れば切るほど株価が上がる、これは株主にとって良いことだからどんどんやりなさいというような経営になって良いのかという指摘もあるわけですけれども、コーポレート・ガバナンス改革の中でどう労働者の利益を守るかも課題になってきます。

4 労使関係

日本では、長期雇用システムができてきたわけですが、戦後しばらくは労使関係が大変荒れておりました。今の日本では、非常に安定的な、協調的な労使関係でストライキもほとんどありませんので、外国人から「日本人は和をもって尊しとなすということで、労使関係も安定していますね」と言われるのですが、そんなことはありません。戦後すぐはストライキに次ぐストライキでした。1960年には総資本対総労働の対決といわれた三井三池炭鉱の大争議がありました。

そういう対立的な労使関係によって労使双方とも疲弊し、こういう労使関係を続けていてもお互いのためにならない、いわばパイを固定してその取り分について対立するようなゼロサムゲームは止めて、パイ自体を大きくしたほうが双方にとってWin・Winになるということで、協力的労使関係に転換していきました。これは労使が双方とも多大の犠牲を払って貴重な労使関係の教訓を学び取っていったということで、放っておいて自然に協力的な労使関係ができたわけではありません。

日本の協力的労使関係については所与のものとして、規制を緩和したとしても、集団的労使関係が大変なことになることはないと思って議論されている方が多いのですけれども、そうとは限りません。諸外国では、集団的労使関係が大変なことになっています。フランスでも労働改革のたびに大暴動が起こって

います。日本がそのようなことになっていないのは，実は日本の雇用関係が長期的なシステムだからです。長期雇用システムというのは，経済学的に言うと繰り返しゲームなのです。1回的な関係であれば，相手を騙しても，機会主義的な行動をとっても，得したほうがいいとなりがちです。ところが，繰り返しゲームだと，ある時点で相手を騙して得をしたとしても，次にしっぺ返しが来ますから，長期的な繰り返しゲームにおいては信頼に基づいて行動することがお互いに合理的ということになります。

日本の長期雇用システムは，長期的な関係ですから，労働条件を調整する必要があるときに，信頼に基づいて行動したほうが長期的にはお互いが得をする，だから，雇用を守るために賃下げを我慢して下さいと言われても，分かった，我慢しましょう，そのかわり景気が良くなったらその分，返してください，ということになり，景気がよくなれば返すという約束を使用者がきちんと守れば，そういう信頼関係が続き，それが双方にとって合理的な行動となります。これも自然にできたのではなくて，激しい労使対立の経験を経て，繰り返しゲームの中で労使がそういう行動をだんだん学び取っていったということだと思います。

Ⅲ 環境変化への労働法の対応：1985年～労働法は立法の時代へ

こうして長期雇用システムが形成されたのですが，その後，労働市場も，労働者も，使用者も大きく変化することになりました。そして，そのような環境変化に労働法も対応しなければならなくなります。1985年以降，労働法は立法の時代に入ったと言われております。

レジュメの3頁から4頁の下線を引いた部分だけを見ても，1985年に労働者派遣法の制定と男女雇用機会均等法の制定，86年に高年齢者雇用安定法の制定，87年に週48時間制を40時間制に変える労基法の大改正がありました。これらは，いずれも日本の雇用システムに大変革をもたらす法制定・法改正だったわけです。

労働関係者からは90年代以降，規制緩和一辺倒でけしからん，という声もあ

るのですが，私は規制緩和はもちろんあるけれども，古い規制を変化した状況に合わせる再規制あるいは規制の現代化というものも同時並行であったし，従来重要視されていなかった価値，新しい価値に対応した新しい立法もできている，つまり規制緩和と再規制と新規制，この三つが同時展開しているというのが客観的な状況ではないかと思っています。

1 規制緩和

規制緩和の筆頭は，実は労働者派遣法の制定です。法制定なのになぜ規制緩和かといいますと，実は85年に労働者派遣法ができるまでは労働者派遣事業は，労働者供給事業として職安法44条で禁止されており，できませんでした。

しかし，70年代後半ぐらいから，実は業務処理請負という形で，事実上の派遣業みたいなものが実務ではかなり行われていたのです。

請負と言いながら，行った先で指揮命令を受けて働いているじゃないか，これは労働者供給じゃないかという指摘もありましたが，働いている本人は満足しているし，搾取もされておらず，労働条件だって非常に高いので，そんなに問題なのかという声もありました。

そうであれば，きちんと法で規制することを条件に労働者供給禁止の対象から外し，存在を認めつつ規制をするのがいいだろうということで，労働者派遣法が制定され，労働者派遣は労働者供給事業の概念から除くことになったわけです。

当時は，専門業務派遣は，やっていい事業だけを列挙するポジティブリスト方式でした。元々，ＩＬＯ自体が，職業紹介事業に民間が入ると搾取が行われるということで，原則として，職業紹介は国家独占とする，民間の職業紹介は限定的にしか認めない，という立場を採っていました。

ところが，実は派遣事業というのは，職業紹介的な機能を営んでいる，つまり，仕事を派遣労働者に紹介しているようなところがあり，その機能を評価する見方が出てきます。そして，ＩＬＯは1997年にＩＬＯ96号条約を改正しまして，職業紹介は国家と民間，双方でやったほうがむしろ求職者のためになるということで，国家独占の方針を転換しました。それを受けて日本でも，派遣業

を原則として自由に認めるということになりました。すなわち，99年には職安法を改正して有料職業紹介の事業制限を撤廃し，派遣法も法が列挙したものだけやっていいというポジティブリスト方式から，法が禁止するもの以外はやってよろしいというネガティブリスト方式に変わりました。原則，何でも派遣対象としてよいが，港湾とか建設とかそういう問題が生じる可能性が高い派遣だけを列挙して禁止することに変わったわけです。

99年当時は製造業派遣は当分の間，禁止ということになったのですけれども，2003年には製造業派遣も解禁されました。それが大きな転換でありまして，製造業に派遣労働者が一気に入っていったのです。それでリーマンショックの後，派遣切り問題が生じました。製造業派遣では，派遣業者が宿舎を借り，工場の近くに派遣労働者を住まわせて，そこから派遣先に派遣し，就労させました。そうしますと，派遣切りにあうと，雇用だけではなく，住むところも奪われて，文字どおり路頭に迷うということになります。2008年末，日比谷公園に「年越し派遣村」ができました。雇用も奪われ，住むところも奪われた人がどうやって年を越すのかということで，厚生労働省の真ん前に炊き出しのテント村ができました。これが非常に広く報道されて，規制緩和の行き過ぎではないか，派遣労働者あるいは非正規労働者の保護を強化しなければいけないのではないかという意識が一般国民にも広がりました。その後，政権交代があって民主党政権になりました。

2 再規制

再規制というのは，従来よりあった規制を再度規制し直す，現代化するというもので，週法定労働時間を48時間から40時間に変えたというのが典型です。また，工場労働を前提としているような働き方から，今や過半数の労働者はホワイトカラーで，しかも裁量的な働き方も増えてきたということから，裁量労働制を入れるということもございました。時間の関係から細かい点は御覧いただくことにします。

3 新規制
A 新たな価値への対応

ここでいう新規制というのは,戦後労働法ができたときには想定していなかったような新しい価値に対応して,新しい立法ができたという意味でして,今から見ると決して新しくもないものもあります。

a 雇用平等法制

新規制の一つが雇用平等規制です。85年に均等法ができましたけれども,もともと労基法は性別による差別を禁止しておりませんでした。労基法3条は信条とか国籍とか社会的身分についての差別は禁止しているのですが,性別の禁止は書いていません。なぜかというと,労基法は,女性を年少者とともに特に保護すべき対象として,男性と平等に扱っていなかったからです。

85年に均等法が制定されたときには,御承知のとおり,募集,採用,配置,昇進については「男子と均等な機会を与えるように努めなければならない」「均等な取扱いをするように努めなければならない」という努力義務にとどまっておりました。

これが97年になりますと努力義務が禁止規定になりました。均等法については,保護なのか,平等なのかという大議論がありました。85年には保護も平等もという主張もあったのですが,それは平等法からするとおかしいではないかということで,10年間のいろいろな議論の上に97年には平等法に純化することになりました。妊産婦については母性保護ということで,この保護は強化しましょうということになりましたが,妊産婦以外の女性については,深夜労働を女性だけ禁止するとか,そういうのはもうやめましょうということになりました。

2006年には,それまでは女性に対して,男性と均等な機会を与えるという規定だったのですが,これを性別にかかわりなく均等,つまり両性に対する差別禁止法ということで純化され,間接差別も一定程度入ることになりました。

それから,2013年には障害者雇用促進法に障害者差別禁止という新しい規範が入りました。

b　ワーク・ライフ・バランス法制

　私はワーク・ライフ・バランス法制と言っていますけれども，均等法を作るときに，単に平等なスタートラインに立たせるから，あとは自由に競争してやりなさいといっても，実は女性のほうが圧倒的に多くの家庭責任を負っているという現実の中で，例えば同じ時間，残業しなさいといってもそれは無理なことです。出産のときには女性は産休をとります。しかも，産前休暇は本人が申し出たときですが，産後休暇8週間は働いてはいけないと労基法が禁止しています。働きたくても働いてはいけないというように禁止していますから，平等に競争しろと言ってもできない。ですから，そういった妊娠出産等についてのサポートをしなければならず，また，その後の育児によるキャリアブレークがないようにサポートしなければ実質的な平等は図れないということで，育児休業法が制定され，後に介護も加わり育児介護休業法となりました。

　c　高齢化社会への対応

　高齢化社会への対応ということで，高年齢者雇用安定法が制定されました。これも雇用システムに非常に大きな影響がありまして，最初は定年制を設けるときは60歳を下回らないように努めなさいという努力義務だったのが，94年改正では60才未満の定年制は違法だということになりました。これは強行規定だと解されております。

　それから，年金には国民全員に平等に払われる基礎部分と，2階部分の報酬比例部分と，3階部分の企業年金と三つあるのですけれども，その一番下の基礎部分について，2004年から，支給開始年齢が60歳から段階的に65歳に繰り延べになるということが始まりました。これに対応して2004年高年法改正では，65歳まで企業のほうで雇用を確保してくださいということで，①定年延長，②定年後の継続雇用，あるいは③定年の廃止という三つのオプションのどれかをやりなさいということになりました。

　90％以上の企業は②の定年後の継続雇用というオプションを採用しましたが，2012年の改正までは，労使協定でどういう人を再雇用するかを選別してよいということにしていました。

ところが，2012年改正で，2013年から今度は２階部分，報酬比例部分も60歳支給だったのが，61歳，62歳，最終的には65歳まで支給しないということになりました。

　そうすると，基礎部分は既に2013年には65歳から支給ですけれども，今度は２階建て部分の報酬比例部分もなくなり，年金がゼロになるので，企業が選別した人だけ再雇用ということではなく，希望者は全員雇いなさいということになりました。これにより今，企業は種々対応を迫られているという状況です。これが後に述べる長澤運輸事件でも問題となります。

　　B　企業組織再編への対応

　先ほど言ったように，日本では，事実上ステークホルダーモデルだったところに，会社法制がシェアホルダーモデルをやりなさいという方向に展開しています。

　そうすると，労働関係から見ると，今までは事実上従業員の利益が守られていたのに，アメリカのようにどんどんリストラをすれば株価が上がるからそういう経営をしなさいとなりかねない。他の国では労働者がそれに対抗するために労働組合を作ってリストラに反対し，そのせめぎ合いの中で経営決定が出てきますが，労働組合の組織率も低下した日本で会社法制がシェアホルダーモデルを志向するようになってくると，労働者利益擁護のための何らかの法規制を考えなくていいのか，ということが問題となってきました。

　そこで，実は民事再生法や会社更生法の中でも，民事再生手続とか更生手続においては過半数の労働者の意見を聴取しなさいというように，若干考えるようになってきました。一番問題となったのは，会社分割制度を入れるときです。会社分割法制は法制審では導入する方針が決まっていたのですが，労働組合側が大反対してストップしました。現状のまま会社分割制度が導入されると，いかようにもいわゆる「泥船」を作って，そこに労働者を集めて分割後１年たったら倒産しました，あるいは逆にいい人だけ全部分割で移して，残った会社は１年後に倒産しました，というようにリストラ策に悪用されかねないということで紛糾しました。そこで，2000年に労働契約承継法というものが作られたわ

けです。これは会社分割における労働者保護を図るべく，承継から廃除されたり，あるいは承継を強制されたりという場合には，一定の条件の下で，労働者は異議を述べれば，労働者の意向を尊重して，会社分割計画とか分割契約から生ずる分割の効果を覆すような効果を認めようという特別立法です。

C　紛争処理システムの整備

　1990年頃は一審に提起された労働関係訴訟は年間で1000件程度でした。それが2002年には3000件になりました。つまり約10年の間に3倍に増えました。このようになった事情としては，バブル経済崩壊後，リストラが進んで，とりわけ非正規の方が増えたということがあります。リストラをされて企業を離職した，あるいは非正規の方は雇止めを受けたりします。つまり，今の企業との関係が切れると，解雇自体を争うこともちろんありますし，そのほかにも未払いの割増賃金請求など在職中には言えなかった不満が訴訟という形となって現れるということになります。

　事件数が3倍になったということで，これに対処するため，行政のほうでは2001年に個別労働関係紛争解決促進法を制定して，労働局で労働相談をするようになりました。ワンストップサービスということで，労働者がどこに行っていいか分からないというときに，あなたの事件は労基法違反だから監督署に行きなさいとか，それは純然たる民事事件だからうちで斡旋しましょうというような交通整理をするようになりました。

　また，司法部門では，2004年に労働審判法が制定されました。労働審判法は司法制度改革の大きな流れの中で労働検討会が1部会として設けられ，菅野和夫先生が大変御尽力されてできました。これが2006年から施行されました。50頁の図表の斜線部分が全部労働審判です。通常訴訟と同じ数ぐらいの，年間3500件ぐらいが労働審判で争われているということです。2014年から仮処分の統計が公表されなくなったものですから，労働事件が減っているように見えるのですが，仮処分は若干減っているそうですが，2013年ぐらいの数はあるらしいです。それも入れると労働事件は決して減っていなくて年間7500件ぐらいはあるわけです。

数年前にブラジルの労働裁判所に見学に行ったことがあります。日本は労働事件が1000件から3000件に3倍に増えて，労働審判を入れたということをブラジルの労働裁判官に話したら，「3000件？私一人で年間4000件処理しています。」と言われました。ブラジルは年間200万件の労働事件があるそうです。日本が年間3000件ぐらいのときに，ドイツは年間60万件ありましたので，ドイツは日本の200倍もの労働事件があると言っていたのですが，ブラジルは60万どころじゃなくて200万件あるということです。ブラジルのサンパウロの労働裁判所はすごくて，20階建てぐらいのビルが全部一審の労働裁判所なのです。見学に行くと，申立書を提出するために，2階の部屋から1階廊下，そして1階の吹き抜けのところまでずっと長蛇の列なのです。

　ちょっと余談になりますけれども，日本では権利侵害されても泣き寝入りしてしまうような，法の支配が及んでいない状態が問題となっていますが，ブラジルでは司法というのは一つの産業だなと思いました。つまり，司法産業というのがあって，それで食べている人たちがたくさんいる。20階建てのビルで職員がたくさん働いているわけです。紛争解決は大事ですけれども，このように司法が一大産業化しているのは国にとっていいことなのかなと，ちょっと複雑な思いもしたところでした。

　ということで，2006年から労働審判法が施行されましたが，その翌年，2007年に労働契約法が制定されました。労働審判法ができ，手続ができたとしても，非法律家も参加する労働審判において依拠すべき労働契約に関するルール，実体法が判例法のままでは困るだろうということで，労働契約法の立法化が2005年から動き出しました。

　実は，ドイツは最初の労働契約法草案が1900年ぐらいに提案されて，1世紀以上にわたって労働契約法を作ろう作ろうと言っていて，100年以上経ちますが，未だに成立に至っていません。日本でも，労働審判が動き出したこの時期を逃すと，ドイツのようなことになりかねないという意識はありました。労働契約法の立法化については労働政策審議会労働条件分科会で議論し，途中で紛糾はしましたけれど，その後，労使が立法化に合意できる事項については立法

化しよう，その際には判例法理を足しも引きもせずに立法化しようというコンセンサスが成立し，何とか2007年に労働契約法を立法されることとなりました。

Ⅳ 労働法政策の課題と展望
1 労働法政策の展開状況と課題

規制緩和においても，どこまで規制を緩和して市場調整に委ねるか，どこからは法の規制に服させるかの調整を考えなければいけないですし，再規制とか新規制の場合はもちろんどういう規制をするのかという規制の内容を考えなければいけません。

今，立法政策を考える上で一番難しいのは，労働者や就労形態が多様化しているということです。労働者階級のための労働法の立法を議論していた時代はまだ単純だったのですが，今や非常に利害関係が輻輳しています。昔は労働者対使用者で良かったのですが，今は，株主と経営者がコーポレート・ガバナンスの場面で対立していますし，正社員と非正規社員，男性と女性，若年と高齢者，障害のある人とない人，日本企業と外国企業，日本の労働者と外国の労働者とさまざまな利害が輻輳し，一方の利益を尊重したら，他方の利益が害されるという複雑な利害調整をしなければいけない，そういう難しい任務を労働法が担うに至っているということです。

2 規制のあり方：ルール（規範）の多様化
A 規範自体の多様化

では，どういうルールを作るか。利害が多様になっているのであれば，多様な規範を作らなければいけないということになりそうですが，その規範の多様化のときに考えるべきは，規範の性質の多様化です。労働契約法制定の際にも，罰則がない純然たる民事規範を作るのですと言ったら，労働基準法は罰則が付いている，罰則のない労働法なんて労働法と呼ぶに値しないではないですか，というふうなところから実は議論が始まりました。純然たる民事規範があっていいとしても，それは強行規定でないとおかしいではないかという議論もあります。でも，それは本当に純粋な強行規定に限るのだろうか，集団的な合意が

あれば，その強行性を解除して法の最低限基準を下回ることを認める，個別の契約では駄目だけれども集団的な合意があれば強行性を解除するような半強行規定というものも活用していいのではないか，ということが議論となります。

実は，半強行規定は現に活用されています。三六協定がそうです。労基法32条によると，1日8時間，週40時間以上働いてはいけない。ですが，三六協定を結んだら8時間，40時間を超えて労働してもよろしい，というのは強行性を解除しているわけですね。そういう半強行規定というものを使って現場の労使の利害調整に役立てるということはあり得るでしょう。

場合によってはさらに任意規定も活用すべきかもしれない。出向しているときの労働関係は，どうなっているのか。出向労働者が非違行為を行ったため懲戒処分をするときに，出向先が懲戒処分をするのか，出向元がやるのか。出向関係では労働契約が出向元と出向先と2本あるというふうに考えられていますから，懲戒権限の帰属が決まっていないと紛糾することになります。こういう場合には，いずれかに決まっていれば紛争が防止されますから，何らかのデフォルトルールを作っておいて，その当事者間ではデフォルトルールと違う処理がいいというのであったら，任意規定ですから別段の合意をすればいい。このような何も合意してなかったら原則どっちがやりますよということを決めておくという任意規定があっていいでしょう。

それから，半強行規定と違うものとして規制の適用を除外してしまうというものもあります。一般的にはこれでいいのだけど，例えば管理監督者に労働時間規制をするのは不合理だという場合には適用除外することになります。

多様化に対応するためにこうした多様な規範を組み合わせることが考えられます。

B　実体規制と手続規制

労働法は，かつては，8時間以上働いてはいけないという最長労働時間，賃金は幾ら以上は必ず払いなさいという最低賃金など，労働条件の最低基準を実体規制で規律するものだと思われていました。しかし，先ほど言ったように，集団的合意があれば逸脱してよいという規制を導入するということは，国家が

すべて実体規制で規律しなければ駄目だということではなくて，きちんとした労使合意があれば国家規制とは異なる規制でもよいということです。つまり，この場面で国家が規制すべきは，逸脱する合意をきちんとした当事者がきちんとした手続を踏んで合意したのかという，合意の手続のプロセスを監督することです。過半数代表を適正に選んだのか，適正な手続を踏んで，従業員集団の意見を集約して，一定の考慮期間を経て合意をしたのかなど，合意のプロセスについて国家が厳格な規制をする。そして信頼のできる労働側の主体ができたら，その主体が使用者と国家規制から逸脱していいという合意をしたのであれば，合意した結果について法は介入を控える，そういう手続規制を重視したアプローチはあり得るのではないかということです。

実体規制に多様化した実情に対応して事細かに全部国家が決めようと思うと非常に複雑な規制となってしまいます。そういう複雑な規制は，今でも相当複雑ですけれども，労働者が読んでも何のことか分からない。労働法は普通の労働者が読んで自分の権利はこうだと分からないと，違法状態について，これは法違反ですというクレームを言うこともできません。ですので，具体的な細かいところの調整はむしろ現場に任せる。国が決めたルールだと労基署に電話して，この運用は国の法律の解釈として合っているのですかと確認しないと，現場では分かりません。でも，現場の労使が過半数代表組合と使用者が，これはこういうことで国の法律の規制とは異なるこういうルールでやりましょうと決めた場合，そのルールに反しているかどうかは現場の労使が決めたことですからすぐ確認できる，現場において履行の監督もできるということです。

労基法違反が生ずるたびに，労基署は何しているのだと言いますけども，そんなに監督官を増やすことは不可能で，増やしたところで全国の法違反を取り締まることはできません。法が履行されるためには，現場の労使がきちんと法違反を摘発して守らせる，そういう労使を巻き込んだ履行確保の施策が，法の実効性確保においても重要だと思います。

C 手続規制の担い手―従業員代表制？

手続規制を活用するというのは一つの方向ですが，その場合に重要なのはそ

の手続規制の担い手がきちんとした人でなければいけないということです。今，それが大変問題なのですね。過半数組合があれば三六協定等は過半数組合が結びますから，あまり問題はありません。

ところが，過半数組合がない場合は従業員の過半数を代表する個人が協定を締結します。しかし，例えば私が過半数代表者に選ばれたとしても，使用者と交渉して，1日5時間ぐらいは残業してもらわないと困りますよといわれたとき，私がいや，そんなにできませんと言ってその三六協定にサインすることにノーと言えるかというと，過半数代表に選ばれただけの個人としてはなかなか難しい。そういう状況が生じているということです。

しかも，図1(1)は過半数代表者の選出方法の実態ですが，真ん中の右側に親睦会代表が過半数代表になったというがあります。これはトーコロ事件の最高裁判決（注：最高裁判所平成13年6月22日第二小法廷判決・労働判例808号11頁）で適法な過半数代表ではないと判断されています。それからその右の「会社側が指名した」というのはもちろん駄目です。「その他」も，適法な選出手続が確認できていないものです。要するに現在の過半数代表者の半分程度は適法な協定締結者ではない可能性が高いということです。

手続規制と実体規制を組み合わせないと多様化した労働環境に適合的な規制はできないとすると，手続規制の担い手をきちんと整備することが，労働法制にとっては大事な課題になっているということです。これはまた後ほど触れます。

「D　多様化する労働者と差別規制」は後半の話に入れることにしましょう。

E　セーフティーネットの再構築

労働者を雇ったときの労働法の規制を厳しくしますと，では，非労働者を使おうということで独立自営業者の契約として労働者を使うといったことが生じます。今，クラウドワークとかクラウドソーシングという働き方が増えています。労働者なのかどうかが分からない形で，労務提供ができてしまう時代になってきました。セーフティーネットについても，労働者ではない労務提供者も視野に入れながら，ある部分は労働法で対応し，ほかの部分は社会保障で面

倒を見るとか，連携をとりながら議論しなければいけない時代になってきました。

3 法規制の実効性確保

それから，法規制の実効性確保が非常に重要になってきています。これまでは法の実効性を高めるためには規制を強化するという方向に行きがちだったのですが，そうではなくて，「D　市場メカニズムの利用」というアプローチも出てきています。女性活躍のために管理職3割を女性にしようということが言われましたね。あれは，クオーター制みたいにしてやるのかというと，そうではありません。その企業で今，女性がどう活躍しているのかについての現状をまずチェックして，3割に持っていくためのプランを作らせる。そしてそれらを企業に公表させる。こうした情報が公表されると，この企業では女性が全然活躍できていない，プランもうまくいきそうにないということだと，優秀な女性はその企業にはいかない。そういう市場のモニタリング機能を使って女性の活躍の場を広げようとしています。

こうした市場機能を実体規制に代替的に利用することによって，規制の実効性を高めることができます。現に労働法も利用しておりまして，問題のある企業の企業名を公表し，市場のレピュテーションによるモニタリング機能を活用しています。それから，悪いものだけではなくていいものも公表・表彰するようになってきました。女性のワーク・ライフ・バランスをよくとっている企業は，「くるみんマーク」を取得でき，若年雇用をうまくやっている企業には「ユースエール」という認証がなされます。そういう形で企業の良い情報や悪い情報を市場に提供することによって，市場のセレクションが機能する。企業としてはそれに対応した人事管理を実施せざるを得なくなります。こうした市場機能を活用した手法が多用されるようになってきています。

Ⅴ 働き方改革時代の労働法:非正規雇用法制の展開と「同一労働同一賃金」論

1 働き方改革と労働法制

　大変話題となっています働き方改革ですが,同一労働同一賃金論,労働時間の上限規制,それから働き方改革に明示的に示されているわけではありませんが,解雇の金銭解決が議論となっています。今日はその中でも,ハマキョウレックス事件や長澤運輸事件が大変大きく報道されており関心も高い,同一労働同一賃金の問題についてお話をします。

2 非正規雇用政策と「同一労働同一賃金」論

A 「同一労働同一賃金」論の経緯

　まず同一労働同一賃金という議論は,もともとは男女差別について同一労働同一賃金でなければいけないという議論でした。労基法も4条では,使用者は,労働者が女性であることを理由として,賃金について男性と差別的取扱いをしてはならないという男女同一賃金という規制を持っていますし,ILO条約でも同一価値労働男女同一報酬条約というものがあります。ですから,男女について性別で差別してはいけないという意味での同一労働同一賃金原則はありますが,これが非正規雇用という雇用形態差別,正規と非正規の格差についても転用されて,同一労働なら同一賃金であるべきという主張が訴訟でもなされるようになりました。

　そして,cに書きましたが,報道では「同一労働同一賃金法」と喧伝された野党提出の法案がありました。正式名称は「労働者の職務に応じた待遇の確保等のための施策の推進に関する法律」,職務待遇確保法と略称されていますけれども,まさに読んで字のごとくそういうものであって,同一労働同一賃金については一言も触れていない法律です。けれども,2015年の派遣法改正の際に,野党が,この「同一労働同一賃金法」を同時に立法しない限り派遣法改正には反対するとして提案した法律でした。しかし,その後,野党だった維新が自公政権と合意をして一部修正して立法されることになりました。すなわち修正前は均等実現を図ると書いてあったのですが,均等及び均衡の実現を図るという

ように，均等のみならず均衡でもいい，同一に扱わなくてもいいというものに修正して立法されました。職務に応じた対応を確保するために調査研究しなさいとかは書いてありますが，どこにも同一労働同一賃金的な規範はない法律です。そういうことでしたので，2015年時点では，同一労働同一賃金の立法はしないことになったのかなという状況でした。

　裁判所は，従来，同一労働同一賃金に対してどういう態度をとっていたかというと，そういう法原則は存在しないと言ってきました。

　55頁の一番上に書きました大変有名な丸子警報器事件。これは雇用形態差別，正規非正規差別について初めて救済を行った事案として有名です。しかし，この判決も，まず，同一（価値）労働同一賃金の原則が存在していると認めることはできないと明言をしております。その上で，正社員と非正規社員の格差が賃金の2割以上になるときには，公序良俗に反して違法となる，そういう判断をしたので非常に注目されました。

　これは例外的に救済した例でしたけれども，55頁の日本郵便逓送事件（大阪地判平成14年5月22日労判830号22頁）は，明確に同一労働同一賃金の原則はない，だから，同一労働をしていたからといって，同一賃金でなくても，それは契約自由の範疇であって違法の問題は生じないとしています。これが従来の裁判所の一般的な考え方です。

　もう一つ京都市女性協会事件（注：大阪高判平成21年7月16日・労働判例1001号77頁）は，理論上は例外的に違法となる場合がないわけではないとしましたが，結論としては救済を否定しています。

　そういう状況の中，2016年になって，にわかに注目を集めているのが，この同一労働同一賃金論です。首相が1月に同一労働同一賃金を実現しますということを述べました。そして，2月の1億総活躍国民会議において水町勇一郎先生（東京大学社会科学研究所教授）がペーパー（注：平成28年2月23日に開催された第5回1億総活躍国民会議の資料2）を提出されました。そこでは，「同一労働同一賃金」とは何かというと，「職務内容が同一または同等の労働者に対し同一の賃金を払うべきとの考え方」としています。そして，55頁の下線部分

ですが,「同一または同等の職務内容であれば同一賃金を払うことが原則であることを法律上明確にする」,つまり,同一労働だったら同一賃金を払うことを法律上書くというようなことがここでは表明されたようです。これが2016年2月の段階です。

　ところが,4月に厚生労働省の中に,このガイドライン等を検討する検討会が発足しまして,そこに水町先生も委員で入っておられますが,このときには最初に出した2月のペーパーとともに,補足Ｑ＆Ａというものを出しておられます（注：平成28年4月22日に開催された第3回同一労働同一賃金の実現に向けた検討会の資料2－1,2－2）。それには,「「同一労働同一賃金」はどのような形で法律上,制度化されるのか？」というＱ（クエスチョン）を書かれまして,Ａ（アンサー）としては,「「同一労働同一賃金」そのものを法律上規定するのではなく,「合理的理由のない処遇格差（不利益取扱い）の禁止」という形で条文化されることが多い。「同一労働同一賃金」だと賃金以外の処遇が対象外となるし,労働（職務内容）と関連性のない給付（例えば通勤手当,出張旅費等）についても労働が同一でないことで格差が適法とされてしまい」よろしくないと書かれています。そして,「賃金以外の給付も・・・射程に入れた法的ルールとして,「合理的理由のない処遇格差の禁止」という形で制度化されることが多く,法規範としても適切である」とされています。このＱ＆Ａでは,同一労働同一賃金という立法はせずに,合理的理由のない処遇格差の禁止という立法をするということを言われたようです。

　要するに,同一労働同一賃金原則は,2月には法律上,明確にすると言われたようなのですが,4月には法律に書かないとされています。書かない理由は,賃金以外の福利厚生とか教育訓練とかそういうものも是正しないといけないのに,同一労働同一賃金の立法だと,賃金以外に及ばなくなってしまい,よくないということです。それから,賃金についても労働・職務内容と関連性のない給付がある。例えば,通勤手当を正規社員には払っているけど非正規社員には払っていない,そして,正規と非正規の労働内容は全く違っているという場合,労働内容が違っていたら通勤手当の支給は同一でなくてもいいかというと,そ

うではなく，同様に通勤手当を払えと言うべきではないか。そういうことを言いたいのであれば，同一労働同一賃金を立法化するのではよくないですね，ということです。

　それからもう一つ，64頁の上から4行目以下は，2月の1億総活躍国民会議と4月の検討会の双方に出されたペーパーの抜粋です。「欧州は職務給，日本は職能給（職務＋キャリア展開）なので，日本への同一労働同一賃金原則の導入は難しいという議論がある。しかし，欧州でも，労働の質，勤続年数，キャリアコースなどの違いは同原則の例外として考慮に入れられている。このように，欧州でも同一労働に対し常に同一の賃金を支払うことが義務づけられているわけではなく，賃金制度の設計・運用において多様な事情が考慮に入れられている。これらの点を考慮に入れれば，日本でも同一労働同一賃金原則の導入は可能」だと書かれております。

　つまり，ヨーロッパの同一労働同一賃金でもいろいろ例外を認めている，そういう例外を認めるのであれば，日本でも同一労働同一賃金を入れられるのではないか，ということです。

　そこで57頁に戻ってください。要するに，合理的理由というのは広く見る。そうすると，キャリアコースの違いがある等，日本で同一賃金でなくても許容しないとおかしいと言われるような場合は許容されるということを言っておられるようです。

　ここで言われるところの同一労働同一賃金というのは，同一労働でも合理的理由は広く認めて同一賃金でなくてもいい場合はたくさんありますよ，それから，同一労働ではなくても通勤手当のように同一賃金を払えという場合がありますよ，さらに，賃金以外もカバーするような規制として同一労働同一賃金をやりますよということです。これらのことを求める規制内容を，「同一労働同一賃金」と呼ぶのは，非常に議論が混乱するのではないかなという気がします。

　実は，同一労働同一賃金原則を均等待遇とか平等取扱原則と同じ意味で互換的に使っている国がありまして，それがフランスなのですね。フランスでは，同一労働同一賃金原則を，平等取扱原則と互換的に使っているようです。政府

ではフランスをモデルにという話もあるようですが、フランスの話をダイレクトに持ってくると、こういう話になるのかなという気がしました。

　それから、男女平等を超えて同一労働同一賃金を広く認めているのも、フランスに特有の状況です。実は1996年のフランス破毀院のPonsolle判決（注：破毀院社会部1996年10月29日判決）が、女性同士の、しかも正社員同士の賃金格差の問題について、同一労働なのだから同一賃金を払うべきだという判決を出しています。ですから、フランスで言われている男女差別以外に同一労働同一賃金が適用されているという議論は、フランスの正社員同士の賃金格差について下された判決が根拠となって議論されているものです。それを日本の正規と非正規の賃金格差の問題に「同一労働同一賃金」としてもってくる場合には、慎重な吟味が必要な気がします。

　フランスでは、雇用されている労働者の手厚い保護の背後に、2014年の失業率は10.3％（日本は3.6％）、若年失業率は23.2％（日本は6.3％）という高失業問題があることや、同一労働同一賃金が、格差解消よりも同一労働と見られないように、正規と非正規の職務を分離するような実務の対応を招かないかなど、労働市場全体の状況や影響を含めて慎重に議論すべき問題があるように思います。

B　そもそも「同一労働同一賃金」原則とは

　フランスの判例は同一労働同一賃金原則は男女差別に限られないとしたということですが、同一労働同一賃金原則は、もともとは男女差別についてのものです。同一労働同一賃金というのは、同一労働なら同一賃金を払いなさい、低くても高くてもだめで、同じに扱えという差別禁止規制です。

　差別禁止規制は、両面的に有利にも不利にも異別取扱いを禁止して同一に扱いなさいという規制です。ですから、男女差別でも女性を優遇することは男性の逆差別になるので禁止されています。アメリカの黒人差別もそうです。皮膚の色についての差別も一時期、黒人についてクオーターを入れて優遇することがありましたが、これは白人、非黒人に対する逆差別ではないかというので、クオーターはまずいという議論に発展してきました。そのように差別禁止規制

というのは，その差別禁止事由については目をつぶる。カラー・ブラインド，セックス・ブラインド，それらの事由には目を閉じて平等に扱い，異別取扱いを禁止するというのが差別禁止規制です。これは等しき者に等しき物を与えなさいという正義の原則に従った平等取扱いです。そこから，同一労働だったら同一扱いをしなさいということが出てきます。

では，ヨーロッパの非正規雇用についての規制はどうなっているかというと，差別禁止規制があると言われているのですが，EU指令（注：1997年パート労働指令，1999年有期労働指令，2008年派遣労働指令）を読むと，そこでは条文のタイトルは確かにノン・ディスクリミネーションというタイトルですが，その条文にはどう書かれているかというと，パートであることを理由として不利益取扱いをしてはならない，有期であることを理由として不利益取扱いをしてはならないとなっています。有利取扱いをすることは何ら禁止していないのです。だから，これは片面的規制です。つまり非正規雇用は，確かに待遇が良くないから，これを社会政策として引き上げる必要がある。だから，規制はします。しかし，それは人権差別のようにその事項に目を閉じて異別取扱いをやめなさいというのではなくて，待遇を改善するために政策的に介入するという規制ですので，有利取扱いは規制していないということではないかと思われます。

3 日本における非正規雇用の格差是正政策の展開

A 人権に基づく差別禁止規制はあるが，非正規雇用の格差是正規制は不存在

そこで58頁になりますけれども，日本においては非正規の格差是正の施策はどういう展開を経て来たかということです。1947年制定の労基法の均等待遇に関する3条には，雇用形態差別の規制はありません。「社会的身分」について，パートという身分差別だということが訴訟で主張されることがありますけれども，「社会的身分」というのは個人の意思によって左右することのできない社会的地位を言いますので，雇用形態という契約によって設定・変更しうる地位はこれには当たりません。

ということで，日本郵便逓送事件判決が判示したように日本には雇用形態差

別について規制はなかったのです。

　B　2007年改正パート法旧8条

　しかし，非正規が非常に増えてきて，これ以上は放置できないということで，2007年から労働政策は法的介入を始めました。それが2007年改正パート法の旧8条で，①職務内容が同一，②人材活用の仕組み（職務内容及び配置の変更の範囲）が同一，③契約期間が無期もしくは無期と同視できる，の3要件を満たしたパートについては差別的取扱いを禁止すると規定しました。

　差別的取扱禁止ですから，これは同一に扱いなさいという差別禁止規制というふうに文言上は解されるところです。これは，同一労働だけでは足りなくて，人材活用の仕組み，つまり将来の労働条件変更の範囲や配置転換の範囲が正社員と同じであること，さらに契約が無期であることも必要です。これら三つが同じ場合には同一取扱いをしなさいという差別禁止規制と解されます。しかし，この3要件を満たして規制対象となるパート労働者は非常に少なく，パート労働者のわずか1.3％しか救済されないというものでした。

　C　2012年労働契約法20条：有期契約であることによる不合理な格差の禁止

　2012年に労契法20条を設ける際には，こういう差別禁止アプローチの妥当性が問題となりました。差別禁止アプローチは当然ながら同一である者を捉えて同一扱いしなさいという強行的な介入ですので，その同一の要件が厳格にならざるを得ません。

　ちなみに，Dのところに書きましたけど，2014年に，パート法は旧8条を新しい9条にしまして，そのときには3要件の三つ目の無期契約を削除しました。しかし，職務内容と人材活用の仕組みの二つだけに緩和しても対象者は全パート労働者の2.1％に限られています。

　こういう差別禁止アプローチは日本では余り実効性がないのではないかと解された。そこで，労契法20条では差別禁止アプローチではない別のアプローチを採用します。それが不合理な格差を禁止するというものでした。どう違うか。58頁のCにモデルを書きましたけれども，差別禁止規制の場合は同一労働

だったら同一扱いをしなさいということです。正規の労働の価値が100で賃金が100の場合，非正規の労働も同じ100であれば賃金が80というのは労働価値が同一なのに同一扱いをしていませんから，違法となる。これが差別禁止規制です。

しかし，非正規の労働価値が，正規が100に対して80，だけど賃金は正規の100に対して50しかもらってない。これは大きな格差があります。しかし，差別禁止規制においては，同一労働という要件は満たしておりませんから，同一扱いしなさいという規範を適用することはできません。去年ドイツに行って，このように書いたものを見せながら，非正規の場合，こんなに大きな格差があってもドイツ法では保護されないのですかと聞きましたら，同一労働でないから，これは一切保護されないということでした。

それに対して不合理な格差禁止というのは，非正規の労働が100対100で，賃金は80，これが不合理と評価されたら，これはまさに不合理だから違法となります。

ですが，格差が20あっても不合理と言えなければ，これは適法となり得るのが労契法20条です。

実は，丸子警報器事件判決はまさにこれなのではないかと思われます。同一労働をしているのですが，格差が2割以上になってない場合には公序良俗に反しないということを言ったわけです。これは，労契法20条に引き直してみると，格差が2割以上になれば不合理と評価するけれど，そこまでは至らない，例えば1割という格差の場合には，格差があったとしても不合理，違法とは評価しない，その意味で同一労働同一賃金というアプローチはしないという判決だったと理解できます。

もう一つの特徴は，労働価値が正規100対非正規80のときに，賃金は正規100対非正規50で，余りに格差が大き過ぎるという場合に，労契法20条ではこの過大な格差は不合理で違法という判断ができます。これは差別禁止規制ではできないことです。ですから，下線部を引いた部分，すなわち，同一労働で格差があっても不合理でなければ適法となるし，同一労働でなくても均衡を失した格

差が不合理だと評価されれば違法となるとするのが労契法20条で，これが差別禁止規制との違いだと解されます。

実は労契法20条を労契法に新設するときは，どういう規範を導入するかについては審議会では議論が深まっていませんでした。労政審労働条件分科会で2012年の労契法改正を議論した際には，労使の行動を誘導するための行為規範として努力義務的規定とするのか，民事効を持った禁止規定にするのか，審議会の中ではずっと最後まではっきりしていませんでした。最後の最後になって政治決着として，文言自体は余りはっきりしないまま，この労契法20条には民事効があることを明確にするという趣旨で，労契法20条のタイトルを「期間の定めがあることによる不合理な労働条件の禁止」とすることになりました。タイトルに「禁止」という言葉を入れることによって，20条は民事効があることを確認したというのが審議会の了解でした。

ですけれども，民事効だけで勝負する規定ということではなくて，むしろ行為規範として機能してほしい。しかし，では民事効を持ち得ないかというと，民事効も持ち得るということを確認する趣旨で，このタイトルが付いたということではないかと考えております。

D 2014年改正パート法

不合理な格差（相違）の禁止を定めた労契法20条は2012年に作られました。そこでパート法の2014年改正では，パート法の新8条は労契法の20条とほとんど同じ三つの要素を考慮して相違が不合理であってはならないとしました。

正規非正規の格差是正のために，差別禁止規制としての同一労働同一賃金原則があるという主張が裁判でもなされましたけれども，裁判所はそうした法原則はないと判断してきました。しかし，正規非正規の格差問題は放置できないので，政策介入が始まり，2007年にパート法が3要件を満たしたら介入することとしました。しかし，それでは，1.3％しか救われず実効性がないので，もっと広く網をかける。そして同一扱いではなくて，均衡のとれないものも視野に入れたような不合理格差禁止という規制を入れた。これは差別禁止規制ではなく，政策的な観点から日本の労働市場の実態を考えながら格差是正規制を行お

うとするもので，諸外国には類例のない不合理な格差禁止という条文ができた。これが労契法20条です。

それで，2014年パート法改正では，労契法20条と同じ政策介入規定をメインにしようということで新8条ができました。そのときに実は旧8条（現在の新9条）は削除するかという議論もあったようですが，厚労省の方では，旧8条で行政指導をやってきたので，これがなくなると困るというので，新9条として残ったということのようです。

2016年になりまして，同一労働同一賃金を実現するという話が出ました。同一労働同一賃金は差別禁止規制の一番典型的なものですけれども，本当にやるのかと，よく話を聞いていくと，いや，立法するときには同一労働同一賃金という条文じゃなくて，合理的理由のない格差禁止という政策介入的な条文に落とし込むということのようです。

議論が非常に錯綜しているのですが，整理すると59頁の表のようになるのではないでしょうか。労働政策としては，2007年に差別禁止規制を導入してうまくいかなかった反省にたって，2012年以来，差別禁止規制とは異なる政策的格差是正規制を展開しようということで，現行法制に至っている。そこに今回の同一労働同一賃金論が出てきたけれど，これをどう位置づけるべきかという状況かと思います。

4 近時の裁判例の展開

A 長澤運輸事件・東京地判平成28年5月13日労判1135号11頁

長澤運輸事件の一審判決は，御承知のとおり，定年後再雇用されたトラック運転手の，定年前の時点との賃金格差につき，労契法20条の禁止する不合理に当たると判断したのですが，その判断にあたってパート法9条を参照しています。60頁に引用しました。ちょっと読みましょう。

「[パート労働法] 9条は，有期契約労働者とともに非正規労働者と位置づけられることの多い短時間労働者に関し，」…「差別的取扱いをしてはならない旨を定めており，この差別的取扱いの禁止は，待遇の相違が不合理なものであるか否かを問わないものと解される。したがって，短時間労働者については，上

記①及び②が通常の労働者と同一である限り，その他の事情を考慮することなく，賃金を含む待遇について差別的取扱いが禁止されている。これらの事情に鑑みると，有期契約労働者の職務の内容（上記①）並びに当該職務の内容及び配置の変更の範囲（上記②）が無期契約労働者と同一であるにもかかわらず，労働者にとって重要な労働条件である賃金の額について，有期契約労働者と無期契約労働者との間に相違を設けることは，その相違の程度にかかわらず，これを正当と解すべき特段の事情がない限り，不合理であるとの評価を免れない」という判示，これが一審のポイントです。

　一審の論理を忖度するに，私は大変優秀な裁判官が現在ある条文を机の上に三つ並べて解釈すると，なるほど，こういう解釈になるのはもっともかなという気もいたしました。

　どういうことかというと，現行法としては2014年のパート法の8条と9条があります。それから労契法の20条があります。パート法8条は労契法20条とパラレルに60頁の①②③を考慮して不合理な格差を禁止しているけれども，①職務内容と②人材活用の仕組みが同じ場合についてはパート法9条が，いわばパート法8条の特則みたいになっており，③その他の事情を考えずに同一扱いしなさいと定めている。

　有期契約の場合はどうかと，労契法20条がパート法8条とパラレルに①②③を考慮して不合理であってはいけないとしています。では，本件のように①②が同一の場合はどうか。そういう場合に本当は労契法20条の2を定めるなどして，パート法9条のような規定があるべきだが，定めがない。法の欠缺である。そうであれば，これは合理的解釈によって補充すべきじゃないか。しかし，明確な規定がないから，「その相違の程度にかかわらず，これを正当と解すべき特段の事情」がある場合にはという留保は付けるけど，そうした特段の事情がない場合には不合理という評価をすべきではないか。これは優れた解釈のようにも思えます。

　2016年1月から盛んに言われている同一労働だったら同一賃金を払うのが当然の原則だ，という頭で解釈すると，労契法にも，有期についてパート法9条

のような規定が本来あるべきでしょうということになります。今は立法されてないのだったら，合理的な補充解釈をしましょうということだと思うのです。しかし，同一労働同一賃金論を有期について適用してよいのか，パートと有期は違うのではないかという問題は後ほど触れます。

　もう一つ，同一労働同一賃金は当然の公理なのか，同一労働で同一賃金を払わないのは本当に不合理なのか，しかも雇用を延長した場合の処遇として賃金を下げることが同一労働であれば駄目なのか。この問題について，我々が思い浮かべるのは最高裁の第四銀行事件（最二小判平成9年2月28日民集51巻2号705頁）です。これは現在の労契法10条のもとになった就業規則の不利益変更の到達点を示した最高裁判決です。

　これはどういう事件だったかというと，定年55歳で，定年後健康だったら58歳までは大体再雇用してもらっていて，賃金水準も落とさない。ところが，高年法の改正の動き等もあり，定年を60歳に延長することになった。賃金については，60歳まで働いても，それまで定年後58歳まで再雇用された場合にもらえていた賃金と変わらない。だから，これでは58歳から60歳になるまでの2年間はただ働きであり，このような就業規則変更は合理的なわけがないと原告たちは主張しました。

　ところが，最高裁は，55歳定年を60歳にし，賃金は54歳のときの6割から7割に引き下げるという就業規則の変更は，58歳以降の雇用を確実にし，健康な人ではなくても60歳まで雇用される利益なども考えると，このような定年延長に伴う賃金減額は合理性があると判断しました。

　このようなことを考えると，同一労働だったら同一賃金を支払えという考え方を日本の雇用システムの中でどう評価するかは単純ではないということになります。説明してきたように，実は同一労働同一賃金的な差別禁止規制というのは，少なくとも有期契約については採用しないという判断があったわけです。60頁に（パート法9条に対応する）規定なしと書きましたけど，規定なしというのは単に立法の欠缺，空白ではなく，差別禁止規制としての同一労働同一賃金的な規制はしないという考え方があったように思います。

B　同事件・東京高判平成28年11月2日労判1144号16頁

　11月2日の控訴審判決では，原判決取消しということになりました。事実認定は同じでありまして，61頁の①と②については無期と同一であるので，③その他の事情というのを条文どおり検討しなければいけないとしています。

　そして，定年前後に職務内容，人材活用の仕組みが変わらないまま，相当程度賃金を下げることは広く行われている。後の部分では，それは社会的にも容認されているという評価もしています。そして，年収ベース2割前後の賃金減額が直ちに不合理とは言えない。正社員にない歩合給，無事故手当増額とか報酬比例部分の年金がもらえない分については調整給を支給するなどして格差を縮める努力をしているということを考えると，個別の手当について正規に払っている手当が支払われていないことも不合理とは認められない。それから，一定の労働条件の改善は，組合と合意したものではないけれども，組合から要求を受けて改善したということであれば，それも改善状況として考慮してよい。結論として労契法20条の不合理には当たらないと判断しました。

　長澤運輸事件の一審が出たときには，全国の人事担当者は驚天動地の大騒ぎになりました。定年後，再雇用で2割，3割，場合によっては4割，定年前の賃金から下がるのは当たり前と思っていましたので，それが違法だということになると，今後どうやって再雇用するかというわけです。

　アメリカにラジアーという経済学者がいまして，なぜ定年制は存在するかという論文を書いています。62頁の図は，ラジアーモデルと呼ばれる図です。水平な太い実線がこの人の貢献，客観的な働いた価値です。年功賃金という制度では，入社から40歳ぐらいまでは貢献よりも低い賃金しか払われない。40歳を過ぎた頃から貢献を上回る賃金をもらえる。そうすると，60歳あたりで，貢献に対して低い賃金を払われていた部分と貢献を上回る賃金を支払われる部分がちょうど均衡する。60歳で定年にせず雇用を続けると，どんどん右肩上がりで賃金が上がっていき会社が持ち出しになってしまうから，定年制が必要となるということをラジアー先生は言っているわけです。

　この図で見ますと，定年後再雇用されたときの市場価格は太い破線ですから，

定年前の60歳直前の賃金から大きく下がるのは当たり前のことです。この格差が不合理なのかというと，これは不合理ではないと思われますし，このことは一審もよく分かった上で書かれているのですけれども，こういう図を踏まえて一審の判決を読むと，大企業はこのような運用をしていますから，これが違法と言われたことについて大変びっくりするということにもなるわけです。

　62頁の下のグラフの左側が大企業の賃金プロファイルで，右肩上がりの賃金で，55歳がピークになっています。もともと日本の長期雇用システムは55歳定年でした。それが人口高齢化に対応して定年制を延長しようとする高年法の規制があって60歳まで延長となった。その結果，後ほど詳しく触れることにします第四銀行事件のように55歳からは賃金を減額する，これを就業規則の不利益変更法理で受け止めていたということがあります。

　定年で一旦長期雇用システムの長期的な貸し借りが均衡して清算されます。そうすると，再雇用のときは，市場賃金で行きましょうということになりますから，定年前よりぐんと下がるのは当然ということになります。

　ところが，長澤運輸事件の場合は，右のグラフの零細企業と同様に，新入社員と一番賃金の高い30年選手とが年収で64万ぐらいしか違いがないという，非常にフラットな賃金カーブだったのです。その場合に，新入社員よりも低い再雇用の賃金設定をしたことが不合理かという微妙な問題を問われているということです。したがって，典型的な年功賃金におけるラジアーモデルについても，裁判官はよく分かった上で書いておられるのだと思います。

　しかし，その上で，企業は，年金政策の展開の結果，年金支給開始年齢が引き上げられ，無収入状態が生ずるということから，今までは義務付けられていなかった定年後の雇用継続を法的に義務付けられるようになりました。より正確に言うと，公的年金の定額部分の支給開始年齢が引き上げられることに対応して，2004年の高年齢者雇用安定法で60歳以降の雇用確保義務が導入されましたが，当時は，過半数代表者との労使協定によって継続雇用対象者の選別が許容されていました。しかし，2013年からは報酬比例部分の年金支給開始年齢も60歳から段階的に引き上げられることとなり，これに対応して，2012年高年齢

者雇用安定法改正により，継続雇用対象者の選別はできず希望者は全員対象とすることが義務づけられることになりました。このように年金制度改正という国の大きな政策の後始末を，企業に60歳以降の雇用確保措置，継続雇用義務を課すことで図っているという状況があるわけです。

そういうところを，③その他の事情でよく考えなくてもいいのだろうか，同一労働（職務内容同一＋人材活用の仕組み同一）だったら③その他の事情は考慮しなくていいというところまで行ってよいのかという問題について，なお考える必要があると思われます。

C　不合理性判断は個々的or全体的

労契法20条の不合理性というのは個々の手当ごとに判断しなければいけないと取られるような労契法の施行通達が出ております。

施行通達には労契法20条の「不合理性の判断は有期契約労働者と無期契約労働者の労働条件の相違について，職務内容，当該職務の内容及び配置の変更の範囲その他の事情を考慮して，個々の労働条件ごとに判断されるものであること」と書かれています。大体施行通達にこういう件を書くのは，審議会や国会答弁で，この規定はこういう意味なのですと説明していた場合に，それを通達に反映させるというのが一般的です。しかし，施行通達のこのような記載に対応した議論は，少なくとも審議会ではなされた記憶はなく，国会答弁があったのかと思っていたのですが，確認したところ，労働政策審議会労働条件分科会でも国会でもこのような議論はされていなかったとのことでした。ですから，厚労省の判断で書かれたもののようです。

原告側が例えば有期労働者に何とか手当が払われてないというので，これは不合理であるからその差額分の請求あるいは損害賠償請求を立ててくるのは当然あることです。

ですが，問題はその不合理性をその手当限りで見るのかどうかです。ある研究者は手当限りで見るべきであると言われております。何とか手当というのは，成果金手当というのであれば，成果金というのはその労働者がまじめに働くための手当であろう。そうであれば，正社員であろうが有期社員であろうが

これは同じようにその成果金手当の目的は妥当するのだから、有期社員に払わないのは不合理だ、というように、その手当の目的によって判断しなければいけないという立場が主張されています。

　一見もっともでありますが、手当はどう決まっているかという労働関係者にとっての常識的なことをちょっとお話ししますと、労働者側はとにかく賃上げを要求します。一番いいのはベースアップ、基本給を上げることです。基本給が上がりますと、割増賃金にも跳ね返りますし、年金あるいは退職金の算定基礎額にも反映しますから労働者にとっては非常に良いのです。ですから、まず基本給を上げてくれということで労使交渉が始まり、使用者としては基本給を上げることは波及効果が大き過ぎるから無理ということになる。でも、何とか賃金を上げてくれということで、では手当を付けることでどうでしょうということになり、手取りで5000円アップということで労使交渉がまとまる。そのとき、手当にどういう名称が付けられるかは重要ではない。

　例えば正社員に精勤手当があって、有期契約者にはない状況下で、有期契約労働者が、処遇が低すぎるから基本給自体を上げるべしと交渉して、使用者は基本給引き上げは無理だが、手当であれば支払おう、ということで収まり、精勤手当ではなくて契約社員手当などの別の名称の手当を作ったという場合にどう判断するのか。精勤手当が払われてないことに局限して見れば、精勤手当の目的は非正規の人もまじめに働いたら払うべきものということで、払わないのは不合理だということになるかもしれません。しかし、もう少し視野を広くしてみると、正社員にはAの手当が払われている。非正規には違う名称のBの手当が与えられている。そうなった経緯は実は手取り賃金を上げるという交渉の結果であって、名称は便宜に付けられたという場合もありうる。そうすると、不合理性の評価にあたっては、個別の手当、労働条件の格差に限った判断よりも広く、労使交渉や賃金制度全体の中で判断すべき場合もあるのではないかという気がしております。

5　「合理的理由のない処遇格差の禁止」の意味

　もう一つ重要な点は、合理的理由のない処遇の格差の意味です。労契法20条

やパート法8条が定めているのは不合理の禁止です。不合理でなければ合理的かというと恐らくそうではなく，合理とも不合理とも言えない領域がある。不合理禁止の規定の下では，不合理という立証に成功しなかった場合は，違法とはならず適法となるのに対して，合理性を要求する立法をすれば，合理性の立証ができていなければ格差は違法だということになります。いずれでもない領域が違法となるかという点で，格差の合理性を要求する立法と不合理な格差を禁止する立法とでは，大きな違いが生ずると思います。この点を合理と不合理は境を接して同じで，これは規範的要件なので評価根拠事実・評価障害事実は双方が主張立証するから問題ないとして議論されている節がありますが，規範としては全く違う規範になるだろうと思います。［注：その後，2017年3月の『働き方実行計画』では「不合理な待遇差の解消」を目指すものとされ，2017年9月に労働政策審議会に提出され，採択された法律案要綱でも「不合理な待遇の禁止」とされている。］

6　若干のコメント

A　同一労働同一賃金論による規制の後に来る雇用システム

残りの時間で，駆け足で「6　若干のコメント」のほうに行きます。

同一労働同一賃金的な規制を本当に導入した後にどういう雇用システムになるかを慎重に考えるべきでしょう。賃金の決定方法は，企業が合理的に経営を行うためのツールとして非常に大事なものです。ですから，労基法は払うと合意した賃金については労基法24条で全額払いなさいとか，通貨で払いなさいなどと規制していますけど，賃金の額に介入することは，最低賃金以外は，控えてきました。賃金をいくら払いなさいということに法が直接的に介入すると，極めて硬直的かつ強烈な市場介入となり，企業の創意工夫を阻害し，経済を麻痺させかねない。賃金格差の問題についても，人権差別となる場合を除き，介入してきませんでした。差別禁止規制が介入するのは人権侵害たる差別の場合で，契約により設定した非正規という地位による格差については，人権差別とは区別してきました。アメリカは現在でもそうで，非正規雇用に関する差別禁止規制はアメリカには存在しません。

日本の長期雇用システムの中では職能給という，その人はどういう職務遂行能力を持った人かという格付けをして賃金を支払う制度をとってきました。具体的な仕事の価値や労働の成果に対してではなくて，人に払う，というシステムです。

　ところが，ヨーロッパでは賃金は仕事に払います。この仕事の価値はこういう値段です，だから，その仕事を正社員がしようが非正社員がしようが，その仕事の価値として時給1500円の仕事だったら同じ賃金を払わなければおかしいでしょうという了解があります。実際，EUでは基本給については産別協約の職務格付けによって決まっており，正規・非正規の基本給格差を争う訴訟はほとんどありません。正規・非正規格差が訴訟で争われているのは基本給ではなく，種々の手当や福利厚生施設の利用に関する場面が中心です（労働政策研究・研修機構『諸外国における非正規労働者の処遇の実態に関する研究会報告書』6－7頁［荒木尚志］（2016年））。

　日本の場合はそうではなく，職能資格制度という職務遂行の能力で賃金を決めるという制度を採ってきました。したがって，その人が単純作業をやろうが，重要な作業をやろうがその人の職能格付が変わらなければ同じ賃金を払うということになりますが，それには法は介入してこなかった。これが柔軟な配転も可能とし，雇用保障も支えてきました。

　ところが，もし同一労働同一賃金を文字通りに同一労働には同一の賃金を支払うべきというルールとして実施する場合には，今までの「人について賃金を払う」ということでは説明が付かなくなります。同一労働をやっているのに，なぜ同一賃金ではないかについて，合理性の立証ができなかったら違法ということになりますと，説明困難な職能給制は維持できず，職務給制を採らざるを得ないということになりそうです。

　今は，正規と非正規の格差について同一労働同一賃金を論じていますが，同一労働同一賃金の考え方自体は労働と賃金の問題ですので，正規・非正規の関係に限ったものではありません。例えば，正社員同士で考えた場合，工場で高卒の50歳の方と高卒の新入社員が組立ラインで隣同士で同一労働に従事してい

る場合，18歳の新入社員の給料が20万，50歳の方が40万であっても，日本では不合理とは考えてきませんでした。長期雇用システムだからです。しかし，同一労働同一賃金によると，それが合理性のある格差だと立証しない限りは違法だということになります。企業としては訴訟リスクを回避しようとすると，職務給制にしようということになります。その場合には同じ仕事だったら50歳の人も18歳の人も例えば25万にするということになるかもしれません。ヨーロッパでは，ブルーカラーは基本的に年功賃金ではなく，同じ仕事をやっていれば，年齢に関係なく同じ賃金ということになります。

　ヨーロッパでは，同一職務を行う労働者についての格差はありません。しかし，ブルーカラーとホワイトカラーは大きな格差があります。また，賃金はジョブで決まっていますから，ブルーカラーの中でも行うジョブによって階層化され，同一階層の中では同じですけれども，階層が違えば格差があるということになります。同一労働同一賃金の結果，同一階層内の格差はなくなったけれど，社会全体では階層化が進んでしまい貧富の格差が広がったといったことにならないように留意すべきだと思います。

　日本の場合は，労働者は教育・訓練すれば能力が高くなると考えてきました。ですから，雇って教育・訓練することによって能力が高まっていって高い賃金をもらえる。有期労働契約については，職業能力を高めた方は安定的雇用である無期雇用に転換するのが望ましいということで，2012年労契法改正で18条を新設し「5年無期転換ルール」を導入しました。労契法改正の際，労働組合の方にヒアリングしたところ，まず不安定雇用を解消してください，有期をずっと有期ではなくて安定雇用たる無期に転換してください，処遇改善はその次でいいですというふうに言われました。私は，それには非常に納得がいきました。不安定雇用で権利主張や賃金改善要求も言えないような状況のまま使い続けるのはよくない。だから，無期転換をさせ，安定雇用にする。有期雇用の間，職業能力を高めてもらって無期転換につなげるということがまずは大切だと思いました。

B 非正規雇用の処遇改善政策

　非正規雇用の処遇改善については，非正規それぞれの特質をよく踏まえる必要があると思います。

　これまでの労働政策では，非正規の処遇改善については正規化という方策を採ってきました。しかし，パートは正規化策が妥当するでしょうか。パートの方はパートという雇用形態を選択して働いています。パートの方にフルタイマーに変わりませんかと言っても嫌ですとなります。66頁の上の図のように約70％の人がパートのまま働きたい，フルタイムには変わりたくないと言っています。ですから，パートの人はパートという地位のまま，処遇改善を図る必要があります。その意味では，パート法に9条があることにはそれなりの意味があります。

　それに対して有期の方は有期のまま同一労働同一賃金的アプローチにより処遇改善するというより，無期化することが処遇改善の本道だろうと考えてきました。先程の労働組合の方の話もそうですし，労契法18条の5年ルールも，不合理な格差の場合にこれを禁止することとした労契法20条も，そうした考え方に立っています。

　有期契約が活用されている背景には，普通に正社員で雇ってもらいたいと思っていても，なかなか職に就けない方がいるという事情があります。南ヨーロッパ諸国は，有期契約は客観的な理由がある場合にしか結んではいけないという高い壁（締結事由（入口）規制）を作りました（66頁の下の図）。その結果，無業・失業者が無期契約で雇われようと思っても，なかなか雇ってもらえない。有期契約だったら雇われたかもしれない人が有期契約についての厳格な規制が壁となって雇用されずに跳ね返されて無業・失業状態になる。フランスは若年者の失業率が23％，スペインは50％です。若年に限らず，フランスの失業率は10％で，雇われている方は保護されていますけれども，その背後に無業・失業者がいるということになります。

　そこで日本では，無業・失業の方にまず有期でもいいから雇用されてください，そして，5年間の間に技能を蓄積し，無期転換で安定雇用に移行してくだ

さいというルートを開くことにしました。無期転換のときに労契法18条は，労働条件は引き上げなくてもいい，まず有期を無期にするだけでいいですということにしています。無期転換も労働条件引き上げも，両方，同時に使用者に要求すれば，5年経過前に雇止めするという行動を誘発しかねないからです。では，処遇改善はどうするかというと，それはハードローで介入するのではなくて，ソフトローによる。無期転換のときに有期当時より賃金を5％以上引き上げた使用者には国がキャリアアップ助成金を出しますから，なるべく処遇を改善してください，という経済的インセンティブを付与し，企業がボランタリーに処遇改善をしてもらう仕組みと組み合わせています。有期雇用について，ハードローで担う部分（無期転換）と，ソフトローで担う部分（賃金改善への助成金支給）を組み合わせながら処遇改善を行っているということです。これを全部同一労働同一賃金で一挙に改善しようとすると，有期の場合にはかえって，先ほどの例でいえば，隣に賃金が高い高齢者正社員がいた場合，同じところで有期では雇えないということで，有期契約を活用して無業・失業者を雇用に結びつけようという施策は難しくなるかもしれません。

Ⅵ 最後に

　時間がありませんので，労契法20条についてのみ触れることとします。67頁の長澤運輸の控訴審判決は，68頁に書きました第四銀行事件が就業規則の不利益変更の合理性判断において考慮した要素とかなり似た要素を見ながら，「その他の事情」を判断しているように思われます。賃金をどう設定するかという場合に，企業としてはその人の現在の働きだけ見て決定するわけではありません。若年労働者の処遇を上げないと，今後定着してくれるような人材が来ないなとか，人事管理全体を見ながら，この定年後再雇用の人には幾ら賃金を払うべきかということを考えます。

　ですから，非正規従業員の賃金問題は，当然正社員の賃金をどう設定するかということとセットでトータルに考えなければならない。その場合には第四銀行事件と同じように雇用をとりまく様々な要素を考えることになるのかなと思

働き方改革時代の労働法制の動向と展望

います。

　翻って考えると，就業規則の合理的変更法理は，昭和43年の秋北バス事件大法廷判決（最大判昭和43年12月25日民集22巻13号3459頁）が下されたときは「合理的なものである限り」の一言しかなく，どうやって判断するのか誰も分かりませんでした。だから，こんな打ち出の小槌みたいなものを作ってどうするのだと批判されました。それが昭和58年のタケダシステム事件（最二小判昭和58年11月25日労判418号21頁）で，合理性は，変更内容と変更の必要性との両面を見て考察するという判断がされました。それから，大曲市農協事件（最三小判昭和63年2月16日民集42巻2号69頁）で賃金等の重要な労働条件の不利益変更のときは，高度の必要性に基づいた合理性が必要だと精緻化されました。そして，第一小型ハイヤー事件（最二小判平成4年7月13日判時1434号133頁）では，多数組合と合意した場合には，利益が調整されたという推測が働くという判断も出されました。

　その到達点が第四銀行事件で，68頁のBの①から⑦の事項を考慮して合理性を判断するということになりました。

　今，労契法20条で，皆様途方にくれておられるかもしれませんが，実は秋北バス事件判決が出たような状況かもしれません。その意味では，判例の展開に委ねられた部分も大きいのですが，お話ししたことを踏まえますと，労契法20条の判断にあたって，「その他の事情」は，その人の処遇だけではなくて，雇われている様々な世代の労働者，それから雇われていない人，有期契約だったら雇われる可能性のある人のことなど，年金政策も含む労働市場政策も視野に入れた多様な事情を広く考慮に入れる必要があるのではないか，また，労働条件は労使が話し合って決めるというのが基本ですので，非正規労働者の意見も反映した労使交渉がなされた場合には，これを十分考慮するべきではないか，と思っている次第です。

　それでは，ここまでにいたします。ありがとうございました。

【研究員】

パート法8条と9条の関係をどのように理解したらよいかについてですが，8条はパートタイマー一般についての不合理な処遇，待遇をさせないという原則で，9条は通常の労働者と同視すべき場合の特則であるという位置付けでよいかどうかということと，8条で不合理性は労働者が立証するのに対し，9条の通常の労働者と同視すべき場合には，賃金について相違があれば，その合理性について使用者側に立証責任が課されるということで，8条と9条とでは真偽不明の場合に違いが生ずるといったことがないのか，そのあたりについて御説明いただければと思います。

【講師】
　パート法8条と9条ですけれども，8条の場合は不合理と認められるものであってはならないというまさに規範的要件ですので，その不合理性の評価根拠事実を原告が，評価障害事実を被告がそれぞれ主張立証し，それについて裁判官が規範的な判断を下すということかと思います。

　それに対してパート法9条の場合はそういう規範的な要件ではなくて，職務内容が同一であって，人材活用の仕組みが同一であれば，そういう事実が証明された限りでは，これは同一扱いをしなさいということになってくるので，その同一性の立証を原告が尽くした場合には同一扱いするということに決まってくるという違いなのかなと思います。9条の要件を満たす場合も8条の中に含まれていますから，その意味では，8条に対する特則にあたり，9条がダイレクトに適用されて効果も定まってくるということではないかと考えています。

（本稿は，荒木教授が，平成28年12月8日，司法研修所第一部（平成28年度労働実務研究会A・B）においてされた講演の講演録に基づき，加筆修正されたものである。）

（編集幹事）

【講演レジュメ】

働き方改革時代の労働法制の動向と展望

Ⅰ．労働法の体系と近時の展開

憲法第27条　すべて国民は，勤労の権利を有し，義務を負ふ。
2　賃金，就業時間，休息その他の勤労条件に関する基準は，法律でこれを定める。
3　児童は，これを酷使してはならない。
第28条　勤労者の団結する権利及び団体交渉その他の団体行動をする権利は，これを保障する。

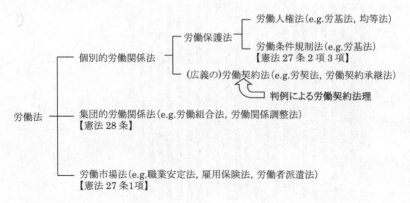

荒木尚志『労働法（第3版）』21頁（有斐閣，2016年）を加工

労働関係の特色と現代の労働法の任務
①交渉力不均衡，②人的関係，③他人決定性（契約の白地性）←弱者たる労働者保護
④継続的債権関係（就業規則法理），⑤集団的・組織的就労関係（懲戒）←労働者保護では説明できない労働関係法理
⑥多当事者関係（労働者・使用者＋労働組合・過半数代表）←独特の集団法理

Ⅱ．雇用システムの変容と労働をとりまく環境変化
　Cf．荒木『労働法（第3版）』760頁以下
1．労働市場
　　ピラミッド型労働力構造（豊富な若年労働力）
　　→逆ピラミッド型：少子高齢化

2．労働者
　　均質な男性正社員モデル
　　→労働者像の変化：個別化・多様化（女性・高齢者・非正規・外国人労働者・障害者）

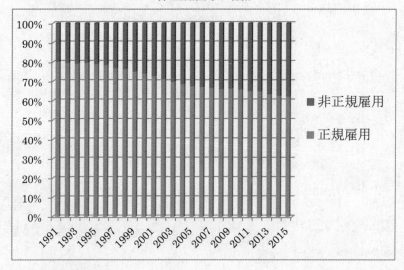

非正規雇用の増加

3．企業(使用者)
・右肩上がりの高度成長
・内部労働市場の発達（雇用保障・失業の未然防止策＝低い失業率）
・いわゆる「従業員主権企業」（物言わぬ株主，経営者の内部昇進：雇用維持を最優先＋柔軟な労働条件調整）

→競争環境の変化（対先進国・アジア），バブル崩壊による経済停滞（成果主義導入・雇用調整・失業率の高騰へ），CG改革（株主主権主義の明確化）
・いわゆるブラック企業の登場

4．労使関係
　安定的・協力的労使関係（紛争は企業内処理・顕在化せず）
→労働組合組織率の低下（17.4％），個別労働紛争の激増（紛争の顕在化）

Ⅲ．環境変化への労働法の対応：1985年～労働法は立法の時代へ
 1．規制緩和（deregulation）
1985年　労働者派遣法の制定（労働者供給事業の禁止の例外として規制を加えつつ派遣事業を一部解禁：ポジティブリスト方式）
1999年　職業安定法改正：有料職業紹介の事業制限撤廃
1999年　労働者派遣法改正：労働者派遣事業の原則自由化（ネガティブリスト方式）

 2．再規制（re-regulation　規制の現代化）
1987年　労基法労働時間規制の大改正：週法定労働時間を48h→40h，多様な変形労働時間制の導入，裁量労働制の導入等
1998年　労基法改正：労基法全体にわたる規制の現代化（有期契約の上限規制緩和，労働条件明示強化，退職時の証明（解雇理由），変形労働時間制（1ヶ月，1年）のさらなる柔軟化，企画業務型裁量労働制導入，年次有給休暇の保護強化，紛争解決援助
2003年　労働基準法改正：解雇権濫用法理の明文化，企画業務型裁量労働制の緩和
2008年　労基法改正：月60時間超の時間外労働の割増率50％，代替休暇，年休の時間単位取得
2015年　国会　新たな労働時間制度のための労働基準法改正法案

3. 新規制 (new regulation)
　A. 新たな価値への対応
　　a　雇用平等法制
　　<u>1985年　男女雇用機会均等法の制定</u>
　　1997年　均等法改正・労働基準法改正：努力義務→禁止規定，女性保護撤廃
　　2006年　均等法改正：男女双方を対象，間接差別導入
　　2013年　障害者雇用促進法改正：障害を理由とする差別的取扱い禁止，合理的配慮の提供義務，法定雇用率の算定基礎見直し（対象に精神障害者追加）

　　b　ワーク・ライフ・バランス法制
　　1991年　育児休業法制定
　　1993年　パート労働法制定，2007年改正，2014年改正
　　1995年　育児介護休業法制定，2004年改正，2009年改正

　　c　高齢化社会への対応
　　<u>1986年　高年齢者雇用安定法制定</u>
　　1994年　高年齢者雇用安定法改正：60歳未満の定年制を禁止
　　2004年　高年齢者雇用安定法改正：65歳までの高齢者雇用確保措置（①定年延長，②定年後継続雇用，③定年廃止）
　　2007年　雇用対策法改正：募集・採用時の年齢
　　2012年　高年齢者雇用安定法改正：65歳までの高齢者雇用確保措置（②定年後継続雇用における選別協定廃止＝希望者は全員継続雇用義務）

　B. 企業組織再編への対応
　「慣行（株式持合，経営者の内部昇進，終身雇用，労使協議制）に依存し

たステークホルダーモデル」←会社法制の展開によるシェアホルダーモデル化

労働法の対応
 1999年 民事再生法：民事再生手続における労働者の過半数代表の関与
 2000年 労働契約承継法：会社分割法制の導入に対応した労働者保護
 2003年 会社更生法改正：更生手続における過半数代表の関与
 2003年 労働基準法改正（解雇規制）
 2007年 労働契約法
  ・労働契約の基本原則
  ・就業規則法理の明文化
  ・出向
  ・懲戒権濫用法理
  ・有期契約

C．紛争処理システムの整備

バブル崩壊後のリストラ，非正規労働者の増加，組合組織率低下
＝企業内紛争処理の限界⇒個別紛争の急激な増加

図表19-1　地方裁判所における労働民事事件新受件数

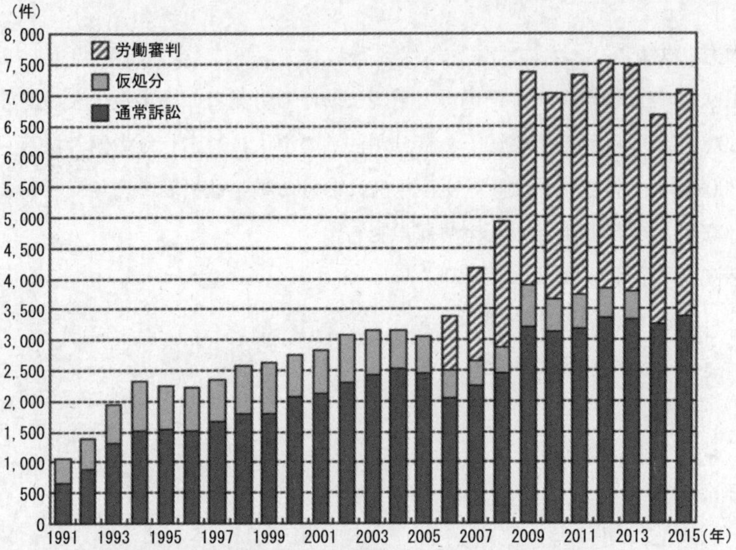

(出所：最高裁判所事務総局行政局「労働関係民事・行政事件の概要」曹時)
注) 2006年の労働審判件数は4月～12月の数値。
注) 2014年以降の仮処分の新受件数は公表されていないので、グラフに反映されていない。

荒木『労働法』542頁

2001年個別労働関係紛争解決促進法：都道府県労働局長の助言・指導制度、紛争調整委員会のあっせん制度の創設等により総合的な個別労働関係紛争処理システムの整備

　企業内での紛争処理の限界
　非正規労働者の増加
　個別紛争の急激な増加
　　2004年　労働審判法成立→2006年4月施行
　　2004年　労働組合法改正→2005年1月施行
　　2007年　労働契約法→2008年3月施行

Ⅳ．労働法政策の課題と展望
  1．労働法政策の展開状況と課題
    ①規制緩和：市場と法の役割
    ②再規制（規制の現代化）：弱者保護の体系としての労働法の必要性と現代的見直し
    ③新規制：新たな価値への対応
      ↓
    ①規制緩和ではいかに緩和する（いかに市場機能を利用する）か，②再規制③新規制で，いかなる規制を導入するか

課題：
・労働者および就労形態の多様化
・利害関係の複雑化
　使用者vs.労働者→株主vs.経営者，正規従業員vs.非正規従業員，男性vs.女性，若年vs.高年，非障害者vs.障害者，日本企業vs.外国企業，日本の労働者vs.外国の労働者etc

  2．規制のあり方：ルール（規範）の多様化
    A．規範自体の多様化
    1）強行規定
    2）半強行規定（集団的合意によって逸脱可能な規範）
    3）任意規定
    4）適用除外
    Derogation（[集団的合意に基づく] 強行的規範からの逸脱・柔軟化）

    B．実体規制と手続規制
      ・実体規制アプローチ：多様化した労働関係の現実にあわせて詳細に多様な実体規制

　　　　↓
・手続規制：法は，公正な労働条件設定が確保されるような手続きを踏むことを要求し，手続きに従って到達した結果については当事者の選択を尊重するアプローチ
　規制の単純化が可能
　当事者による履行確保・実効性高い
　分権的規制により現場の要求に合致した規制が可能
・現実的な立法政策は，実体規制と手続規制を組合せた「ハイブリッド型規制」

Ｃ．手続規制の担い手─従業員代表制？
　　過半数代表（過半数組合or過半数を代表する者）の問題

図１：過半数代表者の実態

(1) 過半数代表者の選出方法

選挙	信任	全従業員が集まって話し合いにより選出した	職場ごとの代表者が集まって話し合いにより選出した	社員会・親睦会などの代表者が自動的に過半数代表者になった	会社側が指名した	その他・無回答
8.3%	23.5%	8.5%	9.5%	11.2%	28.2%	10.7%

(2) 過半数代表者の職種

一般従業員クラス	係長・主任・職長・班長クラス	課長クラス	部・次長クラス以上	無回答
22.0%	49.5%	13.2%	10.6%	4.6%

出典：労働政策研究・研修機構『様々な雇用形態にある者を含む労働者全体の意見集約のための集団的労使関係法制に関する研究会報告書』92頁（2013年）

→従業員代表制の導入？
　産別組合の欧州　　企業別組合の日本

D．多様化する労働者と差別規制
・各国における差別禁止規制の拡大：人種，皮膚の色，宗教，性，出身国
→年齢，障害，性的指向，さらには「雇用形態差別」へ
・差別禁止規制の特色
最低労働条件規制＝最低労働条件までの引上げ
差別禁止規制＝比較対象者の労働条件までの引上げ？，両面的規制（逆差別の禁止）
・非正規雇用の格差問題へのアプローチ
近時の日本の立法はアメリカの市場調整アプローチとも差別禁止アプローチ（同一取扱規制とも異なる独特アプローチ

E．セーフティーネットの再構築
労働法と社会保障法の連携・役割分担（労働者と非労働者）

3．法規制の実効性確保
A．国家による監督と当事者による履行確保

B．ハードローとソフトロー，裁判規範と行為規範

C．規範の名宛人としての法人格

D．市場メカニズムの利用
Voice（発言権の強化）or Exit（退出行動による圧力）
Reputation（市場における評判のモニタリング機能）
こうした市場機能が効果を上げるための規制（転職が不利益にならない法制度整備，市場による評価が機能するための情報公開規制etc）

E．労働法教育

Ⅴ．働き方改革時代の労働法：非正規雇用法制の展開と「同一労働同一賃金」論
 1．働き方改革と労働法制
　平成28年6月2日「ニッポン一億総活躍プラン」
　A．非正規雇用の法政策の展開と同一労働同一賃金論

　B．労働時間規制改革

　　※解雇の金銭解決

 2．非正規雇用政策と「同一労働同一賃金」論
　A．「同一労働同一賃金」論の経緯
　　a　男女差別をめぐって古くから
　　労基法4条男女同一賃金「使用者は，労働者が女性であることを理由として，賃金について，男性と差別的取扱いをしてはならない」
　　1951年ILO100号条約「同一価値労働男女同一報酬に関する条約」

　　b　非正規差別（雇用形態差別）をめぐって
　　パート・有期・派遣という雇用形態を理由とする処遇格差是正のために主張

　　c　2015年9月派遣法改正時のいわゆる「同一労働同一賃金法」
　　「労働者の職務に応じた待遇の確保等のための施策の推進に関する法律（職務待遇確保法）」野党提案
　　→修正：「均等な待遇及び均衡のとれた待遇の実現を図る」

d 従来の裁判例の態度:「同一労働同一賃金原則は存在しない」

雇用形態の違いによる賃金等格差をめぐり争われた主な裁判例①

丸子警報器事件 (平成8年長野地裁判決) <パートタイム労働法第8条・第9条、労働契約法第20条の規定がない時期の判決>

事案概要	原告の勤務実態	裁判所の判断
原告(臨時社員)が、正社員と勤務時間も勤務日数も変わらず同じ仕事をしてきたにもかかわらず不当な賃金差別により損害を受けたとし、同一(価値)労働同一賃金の原則という公序良俗に反するなどとして、被告会社に対し、賃金差額相当額の損害賠償を請求した。	有期契約のパート労働者(契約は反復更新) ・2か月の契約を反復更新することにより継続して雇用。勤続年数は25年を超える者もいた。 ・所定労働時間は正社員より短い(15分)が、通常、15分間の残業をしており、実労働時間は正社員と同じ。業務内容、勤務日数も正社員と同じ。 ・賃金は、正社員の基本給は年功序列であるの一方、臨時社員の基本給は勤続年数による昇給はほとんどなく、勤続25年の社員では、正社員の賃金を100とすると臨時社員の賃金は66.3となっていた。	【原告一部勝訴】※東京高裁で和解成立 ①「同一(価値)労働同一賃金の原則が、労働関係を規律する一般的な法規範として存在していると認めることはできない」とした上で、 ②賃金格差について、「同一(価値)労働同一賃金の原則の基礎にある均等待遇の理念は、賃金格差の違法性判断において、ひとつの重要な判断要素として考慮されるべきものであって、その理念に反する賃金格差は、使用者に許された裁量の範囲を逸脱したものとして、公序良俗違反の違法を招来する場合がある」とし、職務の内容等の実態から、臨時社員と正社員の同一性を比較し、臨時職員の賃金が、「原告らの賃金が、同じ勤続年数の女性正社員の賃金の8割以下となるときは、許容される賃金格差の範囲を明らかに越え、その限度において被告の裁量が公序良俗違反として違法となると判断すべきである。」とした。

日本郵便逓送事件 (平成14年大阪地裁判決) <パートタイム労働法第8条・第9条、労働契約法第20条の規定がない時期の判決>

事案概要	原告の勤務実態	裁判所の判断
原告(期間臨時社員)が正社員と同一の労働をしているにもかかわらず、被告会社が、原告に正社員と同一の賃金を支払わないのは、同一労働同一賃金の原則に反し公序良俗違反であり、不法行為に該当するとして、正社員との賃金差額相当額の損害賠償を請求した。	有期契約のパート労働者(契約は反復更新) ・3か月の雇用契約を反復更新。通算勤続年数が8年に及ぶ者もいた。 ・実労働時間は正社員より短く(異なり)、職務の内容は正社員と同じ業務に従事。 ・賃金については、正社員と比べて平均賃金日額が6割程度であることや、各種手当が支払われないなど差があった。	【原告敗訴】 ①賃金など労働者の労働条件については、労働基準法等の規定に反しない限り、当事者間の合意によって定まるものであり、長期雇用労働者と短期雇用労働者とでは、雇用形態が異なり賃金制度も異なるが、これを必ずしも不合理ということはできず、 ②同一労働同一賃金の原則が一般的な法規範として存在しているとはいいがたく、一般に、期間雇用の臨時従業員について、これを正社員と異なる賃金体系によって雇用することは、正社員と同様の労働を求める場合であっても、契約自由の範疇であり、何ら違法ではないとした。

e 一億総活躍国民会議での「同一労働同一賃金」論

水町勇一郎「同一労働同一賃金の推進について」(一億総活躍国民会議2016年2月23日)

4. 同一労働同一賃金原則を導入する意義

○ 同一または同等の職務内容であれば同一賃金を支払うことが原則であることを法律上明確にする(労働契約法、パートタイム労働法、労働者派遣法等)。

○ この原則と異なる賃金制度等をとる場合、その理由・考え方(合理的理由)について、会社(使用者)側に説明させる(=裁判における立証責任の明確化)。これによって賃金制度等の納得性・透明性を高める。

⇒労使の発意・創造力を尊重しつつ、公正な処遇(賃金制度等)を実現できるように誘導する。

水町勇一郎「同一労働同一賃金の推進について」補足Q&A(厚労省検討会2016年4月22日)

【Q&A】

Q1.「同一労働同一賃金」はどのような形で法律上制度化されるのか？
A1. 正規労働者と非正規労働者間の処遇格差については、「同一労働同一賃金」そのものを法律上規定するのではなく、「合理的理由のない処遇格差（不利益取扱い）の禁止」という形で条文化されることが多い。「同一労働同一賃金」だと賃金以外の処遇が対象外となるし、労働（職務内容）と関連性のない給付（例えば通勤手当、出張旅費等）についても労働が同一でないことで格差が適法とされてしまい、正規労働者と非正規労働者間の処遇格差が大きく残存してしまう。そこで、賃金以外の給付も、職務内容と関連していない給付も、射程に入れた法的ルールとして、「合理的理由のない処遇格差の禁止」という形で制度化されることが多く、法規範としても適切であると考えられる。「同一労働同一賃金」はこの「合理的理由のない処遇格差の禁止」原則のなかの賃金（とりわけ基本給）に関するルールと位置づけられる。

Q5. 新たなルールの導入は、正社員の賃金引下げにつながらないか？
A5. 労働法の鉄則として、差別禁止や不利益取扱いの禁止等を導入する際には、不利益を受けている人の処遇を引き上げて対応しなければならず、有利な取扱いを受けている人の処遇を引き下げて対応することは許されない（男女差別の禁止の場合と同様）。非正規労働者の処遇を改善せず、正規労働者の処遇を切り下げることで対応するのは、非正規労働者の処遇改善を図ろうとしている法の趣旨にも反する。もっとも、正規労働者と非正規労働者の処遇格差を解消していく際に、人件費全体のパイが増えなければ、中長期的には両者を含めて処遇が停滞してしまうことになりかねない。

このような事態は、労働法の保護強化の際に常に生じうるものである。このような事態を招来させないために注意すべきことは、経済状態が良好なとき（経済全体のパイが拡大しているとき）に改革を進めること、そして生産性をなるべく阻害せずむしろ生産性を高めていく方向で改革を進めていくことである。

＜同一労働同一賃金原則を法律上規定しない理由＞

- 同一労働同一賃金だと賃金以外の処遇が対象外（福利厚生，教育訓練等）
    → 同一労働でなくても，均等に扱え（正規・非正規の職務内容が違っても，等しく社員食堂を利用させよ）というルールであるべき＝格差が不合理なら是正せよ（労契法20条）
- 労働（職務内容）と関連性のない給付（通勤手当，出張旅費等）について，同一労働でないから救済なしとなる

・「合理的理由」はキャリアコースの違い等，かなり広範に認める立場
　⇒同一労働でも（合理的理由を広く認めて）同一賃金でなくてよく，同一労働でなくても（労働と関連しない通勤手当等は）同一賃金要求
　このような規制を「同一労働同一賃金」と呼ぶのが妥当か？
　※「同一労働同一賃金」原則を，「均等待遇原則」と同義に使っているフランス
　※同一労働同一賃金は正社員同士にも適用するフランス

B. そもそも「同一労働同一賃金」原則とは
「男女」同一労働同一賃金に由来
同一労働なら同一賃金（高くても低くても違法で，同一に扱え）
＝「差別取扱禁止（両面的に同一扱い）」＝人権に基づく差別禁止規制（均等待遇原則）
差別禁止規制＝「等しき者」に「等しきものを」，労働同一なら同一取扱い

しかし，欧州の非正規雇用に関する格差是正規制は
EU指令：「不利益取扱い禁止（有利扱いは禁止せず）」
＝契約で設定した雇用形態を理由とする格差是正のための政策的介入，人権に基づく差別禁止規制とは峻別されるべき

　・雇用平等（差別禁止）規制
　・労働時間法制
　・コーポレート・ガバナンスと労働法
　・紛争処理システム

新時代の労働法は，最低基準と労働組合員にのみ関心ではない。
行政・司法・市場の機能をフルに動員した実効性のある労働法システムの構築

3．日本における非正規雇用の格差是正政策の展開
　A．人権に基づく差別禁止規制はあるが，非正規雇用の格差是正規制は不存在
　　a　国籍，信条，社会的身分［雇用形態はこれに不該当］を理由とする差別禁止（労基法3条）
　　b　男女同一賃金（労基法4条）

　B．2007年改正パート法旧8条
　　①職務内容（業務内容・責任）同一
　　②人材活用の仕組み・運用（職務内容・配置の変更の範囲）が同一
　　③無期契約or無期と同視できる有期契約
　の③要件を満たしたパート（＝通常労働者（正社員）と同視できるパート）
　→「差別的取扱い禁止」
　同一労働（①）＋α（②，③）→同一処遇（同一賃金等）
　アプローチとしては差別禁止規制（対象となるパート労働者：1.3%）

　C．2012年労働契約法20条：有期契約であることによる不合理な格差の禁止
　　差別禁止規制（同一労働→同一取扱い）

　　　　　労働　　賃金
　　正規　　100　　100
　　非正規　100　　80＝違法
　　非正規　80　　 50＝適法：同一労働でないので規制適用されず(欧州でも)

　　不合理な格差禁止規制（労契法20条，パート法新8条）
　　正規　　100　　100
　　非正規　100　　80＝不合理なら違法，<u>不合理でなければ適法</u>
　　非正規　80　　 50＝<u>不合理なら違法</u>，不合理でなければ適法
　　　　　　　　　下線部が差別禁止との相違

D．2014年改正パート法

　a　差別的取扱い禁止（パート法新9条）
　①職務内容（業務内容・責任）同一
　②人材活用の仕組み・運用が同一（人事異動の有無・範囲等）
　上記3要件から③を削除（対象となるパート労働者：2.1％）

　b　不合理な格差禁止（パート法新8条）
　労働契約法20条にならった規定

非正規格差是正規制の展開

	裁判例	2007年パート労働法	2012年労働契約法	2014年パート労働法	2016年「同一労働同一賃金」論
差別禁止規制	同一労働同一賃金原則不存在	①職務同一 ②人材活用の仕組み同一 ③契約期間同一 （旧8条） ⇒同一取扱い要求		①職務同一 ②人材活用の仕組み同一 （新9条） ⇒同一取扱い要求	①同一労働⇒同一賃金 ⇩
政策的格差是正（不合理禁止）規制			（有期労働の）不合理な格差禁止(20条)	（パート労働の）不合理な格差禁止（新8条）	合理的理由のない格差禁止

筆者作成

人権に基づく差別禁止規制(同一労働同一賃金論)
→政策的格差是正規制(不合理な格差禁止→合理的理由なき格差禁止？)

4．近時の裁判例の展開

　A．長澤運輸事件・東京地判平成28年5月13日労判1135号11頁

　　定年後再雇用トラック運転手の賃金格差を「不合理」：労契法20条の有期契約による労働条件格差の不合理性判断において，パート法9条（差別的取扱い禁止）を参照し，①職務内容同一，②人材活用の仕組み同一なら，格差は原則不合理
　　＝同一労働同一賃金的・差別禁止的視点での判断

「[パート労働法]9条は，有期契約労働者とともに非正規労働者と位置づけられることの多い短時間労働者に関し，職務の内容が通常の労働者と同一であり，その職務の内容及び配置が通常の労働者と同一の範囲で変更されると見込まれるものについては，短時間労働者であることを理由として賃金の決定その他の待遇について差別的取扱いをしてはならない旨を定めており，この差別的取扱いの禁止は，待遇の相違が不合理なものであるか否かを問わないものと解される。したがって，短時間労働者については，上記①及び②が通常の労働者と同一である限り，その他の事情を考慮することなく，賃金を含む待遇について差別的取扱いが禁止されていることになる。これらの事情に鑑みると，有期契約労働者の職務の内容（上記①）並びに当該職務の内容及び配置の変更の範囲（上記②）が無期契約労働者と同一であるにもかかわらず，労働者にとって重要な労働条件である賃金の額について，有期契約労働者と無期契約労働者との間に相違を設けることは，その相違の程度にかかわらず，これを正当と解すべき特段の事情がない限り，不合理であるとの評価を免れない」

＜一審判決の論理？＞

現行パート法8条	同9条
①職務内容	①職務内容同一
②人材活用の仕組み	②人材活用の仕組み同一
③その他の事情	⇒差別的取扱禁止（同一扱い要求）
考慮して不合理禁止	

労契法20条	規定なし
①職務内容	長澤運輸事件①②同一
②人材活用の仕組み	
③その他の事情	
考慮して不合理禁止	

・就業規則の不利益変更に関するリーディングケースである第四銀行最二小判平成9年2月28日民集51巻2号705頁との関係［定年55歳で，健康なら58歳まで賃金水準落とさない再雇用確実という状況下で，定年60歳に延長し，年収を54歳時の63～67％に引き下げる就業規則改正を合理的と判断］
・立法の展開：パート法旧8条（現9条）［差別禁止］の失敗→労契法20条［政策的格差是正］→パート法現8条［政策的格差是正］，9条［差別禁止］（9条削除論もあったが存続）
・パートと有期の違い（後述）

B．同事件・東京高判平成28年11月2日
原判決取消，被控訴人（原告労働者ら）の請求棄却
　①職務内容，②職務内容・配置の変更の範囲，③その他の事情（①②に関連する諸事情を幅広く総合的に考慮）
　①②は無期と同一，③を検討
　　　　↓
・定年前後①職務内容，②職務内容・配置の変更の範囲，が変わらないまま相当程度賃金を引き下げることは広く行われている。→後の判示で「社会的にも容認されている」
・年収ベースで2割前後の賃金減額が直ちに不合理とは認められない。
・正社員にない歩合給，無事故手当増額，老齢厚生年金の報酬比例部分不支給期間に調整給支払等，正社員との賃金差額を縮める努力に照らすと，個別諸手当の不支給・低支給は不合理とは認められない
・労働条件の改善は組合と合意したものではないが，組合との協議が行われ，組合の主張や意見を聞いて実施したものとして考慮すべき事情。
⇒不合理なものといえず労働契約法20条に違反しない

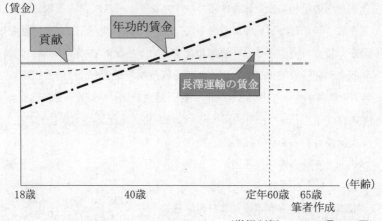

（労働判例１１４６号１６頁）

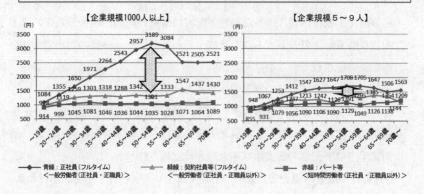

「第１回同一労働同一賃金の実現に向けた検討会（平成28年３月23日開催）」資料

C．不合理性判断は個々的or全体的

平成24年8月10日基発0810第2号「労働契約法の施行について」第5の6(2)オ：「法第20条の不合理性の判断は，有期契約労働者と無期契約労働者との間の労働条件の相違について，職務の内容，当該職務の内容及び配置の変更の範囲その他の事情を考慮して，個々の労働条件ごとに判断されるものであること。」

・労政審労働条件分科会，国会で議論・答弁なし
・個別の労働条件について原告が請求を立てることは当然
・しかし，不合理性の判断にあたり，どの範囲で検討するかは別論

5．「合理的理由のない処遇格差の禁止」の意味

「不合理な格差禁止」（労契法20条，パート法8条）と提案されている「合理的理由のない格差禁止」の関係

	不合理禁止	合理性必要
合理的	合理的	合理的
	いずれでもない	いずれでもない
不合理	不合理	不合理

筆者作成

6．若干のコメント
　A．非正規処遇改善のスローガンorそれを超えた「同一労働同一賃金」論

3．日本での導入・実現可能性

○　欧州は職務給、日本は職能給（職務＋キャリア展開）なので、日本への同一労働同一賃金原則の導入は難しいという議論がある。
　　しかし、欧州でも、労働の質、勤続年数、キャリアコースなどの違いは同原則の例外として考慮に入れられている。このように、欧州でも同一労働に対し常に同一の賃金を支払うことが義務づけられているわけではなく、賃金制度の設計・運用において多様な事情が考慮に入れられている。
　　これらの点を考慮に入れれば、日本でも同一労働同一賃金原則の導入は可能と考えられる。

○　「客観的な理由（合理的な理由）」の中身については、最終的には裁判所で判断され、社会的に蓄積・定着していくことが考えられる。もっとも、裁判所の判断は、事案に応じた事後的判断であり、その蓄積・定着には時間がかかる。

> ⇒法律の整備を行うとともに、欧州の例などを参考にしつつ、「合理的な理由」の中身について、政府として指針（ガイドライン）を示すことが有用ではないか。

水町勇一郎「同一労働同一賃金の推進について」（一億総活躍国民会議2016年2月23日）

　B．同一労働同一賃金論による規制の後に来る雇用システム
・法は最低賃金法を除き、賃金決定方法や賃金額については介入せず
　　正規雇用＝企業内の内部市場の論理による職能給制→様々な新たな賃金制度模索中
　　非正規雇用＝流動的外部労働市場の論理による職務給的賃金
・事実上，職務給制を強いることになる？
・欧州的な職務分離により、同一職務間の格差は解消されても，階層が固定され，労働者の職務遂行能力向上によるキャリア発展は阻害されないか？

　C．非正規雇用の処遇改善政策
・同一労働同一賃金論（非正規のまま法の直接的介入によって処遇改善）は多様な施策の一つ

・非正規（パート，有期，派遣）はそれぞれに多様

 a アメリカ：市場調整アプローチ
  アメリカ：非正規の格差是正規制は不存在（雇用形態差別は人権差別とは異なり，法が介入すべき問題と考えない）
  →処遇に不満なら転職行動で解消

 b ヨーロッパ諸国：EU指令により不利益取扱い禁止規制
  欧州：非正規の不利益取扱い禁止規制
 ＜背景事情＞
  ・基本給は産別協約で格差なし＝産別協約規制というインフラが存在し，それに付加して非正規不利益取扱い禁止
  ・問題となるのは付加給付，福利厚生：実際の訴訟は僅少
  ＝有期→無期転換，派遣→直接雇用などの正規転換による処遇改善←高失業問題への対処のための非正規活用に注目
  ・産別協約のないイギリスでは格差是正規制より転職による解消志向
  労働政策研究・研修機構『雇用形態による均等処遇についての研究会報告書』（2011年7月）
  労働政策研究・研修機構『諸外国における非正規労働者の処遇の実態に関する研究会報告書』「総論」3-21頁（2016年8月）

 c 日本
  ・日本：差別禁止規制から政策的格差是正規制（不合理な格差禁止）
  ・パート→フルタイム化は困難＝パートのまま処遇改善の政策的必要大

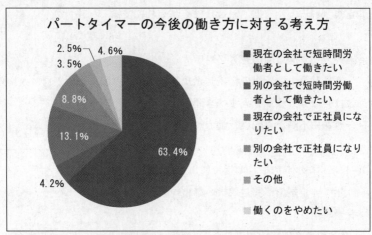

上記２点資料出所：(独)労働政策研究・研修機構「短時間労働者の多様な実態に関する調査」(平成24年)

- 有期は無期化・正規化による処遇改善の政策展開（労契法18条，キャリアアップ助成金）＝有期契約には，無業・失業者への雇用創出，定年後年金支給までの雇用継続等の重要な社会的機能

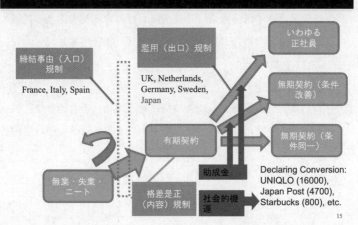

- 非正規の多様性を踏まえ，日本の雇用システム・労働市場に適合した格差是正施策の選択

Ⅵ. 最後に

Flexibility vs. Security

	Flexibility	Security
USA Flexibility model	随意的雇用（解雇の自由）	
	労働条件変更のための合意容易（合意しなければ解雇可能）	
Japan "Flexicurity" Model	非正規雇用の活用	解雇権濫用法理
	就業規則の合理的変更法理	
Europe Security-oriented Model	外部市場型Flexicurity（経済的解雇規制の緩和） ?	解雇に正当事由必要
	労働条件設定の分権化・逸脱許容 ?	労働条件変更に個別合意必要

1．労契法20条の正規・非正規の不合理な格差禁止と裁判所の役割

A．長澤運輸二審判決の不合理性の判断要素

1. 高年法による60歳超の雇用義務付けによる賃金コスト増大を回避し，定年到達者の雇用と若年層を含めた労働者全体の雇用実現の必要（≒賃金コスト圧縮の必要，②）
2. 60歳超の者に在職老齢年金，高年齢雇用継続給付（≒不利益緩和措置，④）
3. 雇用消滅＋退職金支給＋新規の雇用契約締結（長期雇用関係清算後の新規雇用）（⑥）
4. 当該産業（運輸業），又は当該規模の企業では，大多数が定年前と同

じ仕事・部署,同じ労働時間で,賃金は約7割(3割減)が広く行われているが,本件は2割減(⑦)
5．本業において会社が大幅な赤字（≒賃金低下の必要性,②)
6．定年後継続雇用における賃金減額は一般的で社会的にも容認(⑦)
7．・無期契約者の能率給に対応するものとして,有期契約者には高率の歩合給
　　・無事故手当増額
　　・無年金期間に調整給支給
　　（≒不利益緩和措置,④)
8．組合との（合意によるものではないが）協議・交渉後の労働条件改善（労働組合との交渉の状況,⑤)

B．第四銀行事件の合理性判断要素
　①就業規則変更による不利益の程度
　②変更の必要性
　③変更就業規則の内容の相当性
　④代償措置その他関連する労働条件改善状況
　⑤労働組合等との交渉経緯
　⑥他の労働組合・従業員の対応
　⑦同種事項に関する我が国社会における一般的状況

C．就業規則の合理的変更法理の展開
　秋北バス事件・最大判昭和43年：「合理的なものである限り」
　→タケダシステム事件・最二小判昭和58年：「変更内容および必要性の両面からの考察が要求される」
　→大曲市農協事件・最三小判昭和63年：「賃金,退職金などの・・・重要な権利,労働条件［の不利益変更は］高度の必要性に基づいた合理的な内容のもの」である必要

→第一小型ハイヤー事件・最二小判平成4年：不利益変更該当性，多数組合との団体交渉結果に従った変更であることから利益調整された内容と推定
→第四銀行で就業規則の合理的変更法理完成
→労契法10条：不利益の程度，変更の必要性，変更内容の相当性，労組等との交渉の状況，その他変更に係る事情

D．不合理性判断の判断要素（とりわけ「その他の事情」）の整理・確立
・非正規を含めた労使の交渉・協議による労働条件設定が目指すべき方向＝これを重視する判断枠組みが望ましい←従業員代表制の構想

2016年11月29日　「働き方実現会議第4回」岩村正彦議員提出資料
　「有期雇用・パートタイム雇用と正規雇用の利害調整が，企業における賃金・処遇格差是正のための協議・交渉において公正に行われるように，労働組合のない企業でも非正規労働者の代表が協議関与できることを確保する措置，労働組合のない企業における労働者代表や，企業に存在する過半数組合が，非正規労働者の利益も公正に代表するための担保措置を講じることが必要。また，協議・交渉の内容が非正規労働者の利益も公正に反映したものであるときは，不合理と認められるものないかの評価の考慮要素となることを指針に入れるのが適切。」

・特に有期の社会的機能も考慮すると，使用者に有期活用インセンティブを与える余地
　　長澤二審判決は「①及び②に関連する諸事情」狭い？
　　各論的課題・非正規雇用（パート，派遣，有期）
・雇用平等（差別禁止）規制
・労働時間法制
・コーポレート・ガバナンスと労働法

・紛争処理システム

　新時代の労働法は，最低基準と労働組合員にのみ関心ではない。
　行政・司法・市場の機能をフルに動員した実効性のある労働法システムの構築

講演

商取引の合理性と非合理性
―相互信頼と法・裁判[1]

小 塚 荘一郎

目 次
Ⅰ 法律家にとっての商取引の合理性
 1 問題の所在
 2 裁判所が合理性を論ずる状況
Ⅱ 商取引の合理性
 1 合理性の三つの類型
 2 「情報の不完備」と取引相手の規律
  (1) 金融取引
  (2) フランチャイズ契約
 3 取引費用の削減
  (1) 再保険取引と保険代位
  (2) 手形買戻請求権
  (3) 荷為替信用状付き為替手形の買戻し
 4 経路依存性――不合理の合理性
  (1) 自損自弁の原則(Knock for Knock)

---

[1] 本稿は、司法研修所の平成28年度民事実務研究会で行った講演に、大幅に加筆したものである。当日、出席された研究員からの質問や発言は、可能な限り、本文に取り込んで記述した(それぞれの箇所でこの点を注記しているが、発言の趣旨の理解も含め、内容についての責任はすべて筆者にある)。発言された研究員をはじめとする参加者および司会者の皆さんに、厚く御礼申し上げる。

(2)　英法準拠約款
Ⅲ　法体系の中の商取引
　1　裁判例における慣習・慣行
　(1)　商慣習法が認定された裁判例
　(2)　慣習による契約解釈
　2　商取引と司法審査
　(1)　通則法3条・商法1条・民法92条
　(2)　エンド・ゲーム規範と慣習
　3　裁判所による商慣行の認定
　(1)　商慣行と業界の実情
　(2)　裁判所の事実認定能力
Ⅳ　規範形成手続の合理性
　1　実例に見る手続の合理性
　(1)　スポーツ仲裁条項の強制
　(2)　インターネットのドメイン名管理
　2　手続の合理性が問われる理由
Ⅴ　まとめ

Ⅰ　法律家にとっての商取引の合理性
1　問題の所在

　商取引の合理性というテーマは，法律家としては，なかなか扱いづらい問題です。その理由は，商取引の実務を発展させ，また日々実行している方々は法律家ではなく，従って，その合理性について特に意識していない場合が多いからです。

　多くの企業実務家（いわゆるビジネスパーソン）にとって，取引実務は，「これまでもそれに従っており，また今後もそうすることが当然だと考えているもの」であろうと想像されます。特に疑問を持っていないという点で，緩やかな意味では合理性があると考えているとも言えますが，それとは異なる実務の存

在を知ったり，その内容に疑義が向けられたりした場合に，強く擁護して反論する程度にまで合理性を確信しているわけではないということが大半です。ところが，そうした取引実務をめぐって，ある日突然に法的な紛争が生ずると，その合理性が論じられることになります。判断を求められた裁判所としては，それまで，関係者が自覚的には考えていなかった取引実務の合理性について，法的な評価を迫られるわけです。

そのような場合，法律家としては，「合理性」を評価するための一般的な基準をどこかに求め，それに依拠して判断を示さなければなりません。本講演では，そのような基準として考えられるものをいくつか提示したいと思いますが，その際に，契約の経済学などと呼ばれる研究を，一応の下敷きにして考えたいと思います。経済学の知見を法律学の中でどのように生かしていくかという問題は，それ自体，非常に難しい議論を必要とするものですが，取引の合理性という問題に限定して言えば，関係者の行動を説明するための枠組として，非常に有用であると思われるからです。

最初に，「合理性」という概念がマジックワードになってしまわないように，いくつかの点を整理しておきます。まず，誰にとっての合理性を考えるのかという問題があります。一方当事者にとって有利になるような取引の条件が「慣行」であると主張される場合（たとえば売買目的物の運送費用を売主が負担する慣行になっているとき），有利になる側（この事例では買主）から見れば，それは「合理的」だと言えます。しかし，そこでいう合理性とは，当事者にとっての利益の増大を意味するにすぎず，それだけであれば，それは相手方当事者から見れば不利益であり，「不合理」なものです。これに対して，両当事者を全体として見たときに，無駄がなくなっているという意味での「合理性」が主張される場合もあります。先の例で，運送の手配が売主には簡単にできるが，買主の側からは難しいという事情があるような場合，売主が運送を手配し，費用を負担することは，両当事者を全体として見てもコストの節約になっています。このことは，経済学の理論では，「効率性」と「分配」という二つの基本概念で説明されます（そして，経済学では，分配のしかたを変えるだけでは合理性が

あるとは考えませんが，企業実務では，「この取引は売主の利益が大きいから運送費用は売主の負担とすることが『合理的』である」など，分配の正当性を主張する趣旨で「合理性」が主張されることもありますので，注意が必要です）。

次に，どのような前提条件を置いて合理性を考えるかという問題があります。その取引だけを取り出して抽象的に考えると，特に合理性がないように見える取引慣行も，適用される規制や国際的な市場の構造，過去の経緯による蓄積などさまざまな条件の下では合理的になっている場合があります。後ほど改めて取り上げる「経路依存」による合理性などは，この点に関係しています。また，取引が一回限りのものではなく，繰り返されるという前提で考えると意味を持つような取引実務も考えられます。経済学の分野で「継続的取引」が論じられる場合には，主として，そのような意味の合理性を持った仕組みが検討の対象となります（法律論としての「継続的契約」の法理には，それとはまったく異なる観点も多く含まれており，それらがよく整理されないまま議論が混乱している場合も見受けられるので，注意が必要だと思います[2]）。

第三に，取引実務の合理性が問われる場合，通常は，契約や慣行によるルール（規範）の内容それ自体の合理性が論じられると思いますが，そうではなく，ルールを形成する手続についての合理性が問題とされるケースも増えてきているように感じられます。利害が対立する当事者も含め，さまざまな関係者の間で十分に議論した結果として作られたルールだから「合理性」があるという主張です。これが，ルールの内容そのものの合理性と異なる次元の議論であることは明らかですが，実体的なルールの合理性と形成手続の合理性はどのような関係に立つのか（並列的に要求されるのか補完的なのか），また手続の合理性は先端的な領域で問題とされることが多いように感じられるのはなぜか，といった点についても，まだ確固とした定見があるわけではありませんが，少し言及

---

[2] この点については，さしあたり，経済学の標準的な理論に依拠した田中亘「『日本的取引慣行』の実態と変容」商事法務2142号51頁〔2017〕と，それをふまえた後藤元「『日本的取引慣行』の実態と契約法への示唆」商事法務2142号63頁〔2017〕を参照。

したいと思っております。
2　裁判所が合理性を論ずる状況

ここで，裁判所にとって，商取引の「合理性」が問題となる場合とはどのような状況なのかという点に触れておきます。

後ほど，改めて議論しますが，伝統的には，商取引の実務は「慣習（法）」の問題として位置づけられてきました。慣習のうち法規範としての効力が認められるもの（慣習法）は，法源の一つですから（法の適用に関する通則法3条，商法1条2項），その存在が認定されれば，原則として内容の合理性を問題とする余地はないはずです。当事者がその慣習による意思を有している場合に効力が認められる「慣習」（民法92条）も，慣習の内容及び慣習によるという意思が認定されれば，その合理性は問題になりません。ヨーロッパの法学者は，商人の私的自治法(lex mercatoria)という概念を好み，「現代における商人法」などという問題をしばしば論じていますが，それも結局は同じだと思います。いずれの場合も，慣習の内容が合理的であろうとなかろうと，自律的な規範として存在する以上は関係者を拘束し，裁判所はそれを適用するということに尽きます。

しかし，最近の経済学を用いた分析が論じるように，当事者が，自律的なルールに従う動機（インセンティヴ）を持つのだとすれば，ルールは自発的に遵守されますから，それを裁判所が適用する場面は生じないということになりそうです。たとえば，海賊船の海賊の間には一定のルールがあったと言われていますが，それは，あくまでも海賊船というものが一つのコミュニティとして維持されるためのルールなので，そのルールを当時の国家の裁判所が自治法として適用し，エンフォースしたという話ではありません[3]。逆に言えば，実際に訴訟が提起されるときは，当事者の少なくとも一方が，問題となっている取引実務に疑問を抱き，拘束されたくないと主張しているわけです。先に，取引が継

---

[3] 森田果「海賊の掟——Captain Jack Sparrowとその愉快な仲間たち」『関俊彦先生古稀記念・変革期の企業法』661頁〔2011年〕。

続するという前提の下で合理性を持つ実務もあると述べましたが,訴訟が提起されてしまった段階では,その前提条件が変化してしまっており,同じような意味で合理性が成り立つとは言えなくなっています。取引関係を終了する段階（エンド・ゲーム）において合理的な規範は,関係が継続されるという前提で合理性が認められる規範と必ずしも同じではないのです。

　従って,裁判の中で商慣習や取引実務が持ち出される場合に,その合理性に関して裁判所は立ち入らないというスタンスでよいかと言えば,それには疑問が大きいわけです。アメリカでは,いわゆる統一商事法典（Uniform Commercial Code: UCC）の中に,契約の解釈において商慣行（usage of trade）を考慮すべしという規定がありますが[4],現実の取引実務は,国家の法制度ないし裁判機関を利用しないという前提で作られているのではないか。その閉じた世界から一方当事者が飛び出し,裁判所に紛争を持ち込んできたときにまで,国家法を利用しないという前提で形成されたルールを適用してよいかというと,そこは留保を要するのではないか,という議論がなされています。なぜこのような議論になっているかということは,後ほど改めて考えますが,ともあれ,取引実務をそのまま適用できないとしたら,どういう規範を適用したらよいのかという問題に,裁判所としては直面することになります[5]。そこで,まずは商取引について「合理性」が語られる場合に,どのような類型があり得るかについて,具体例を見ながら考えていきたいと思います。

Ⅱ　商取引の合理性
1　合理性の三つの類型

　商取引のルールが合理性を持つと評価できる場合の中には,少なくとも三つの異なる類型があると考えられます。これは,網羅的だと主張しているわけで

---

[4] UCC § 1-303 (d), (e).
[5] 曽野裕夫「規範の私的形成と国家法の役割：藤田報告へのコメント」ソフトロー研究6号19頁〔2006〕参照。

はなく，これらの異なる類型を，一くくりにすることなく，区別して位置づける必要があるのではないかと申し上げたいわけです。

一つ目の類型は，取引ですから相手方がいますが，その相手方の行動を何らか規律したい，こういう行動をとってほしいとか，こういう行動をとってほしくないということを取引の中でアレンジしたい，というニーズから作られた取引ルールです。相手方というのは，契約当事者のことが多いでしょうが，契約当事者の向こうにいる当事者の相手方ということもあります。一見すると，なぜ契約の一方当事者がこのように幅広い権利を持っているのかと思われるような契約条項も，実はよく見てみると，相手方の行動を規律するために必要とされる場合があるのではないかということです。

これは，経済学の用語を使って言いますと，「不完備情報」の問題から，相手方がどういう行動をとるかということについて，こちらが完全に把握できないという問題です。相手方の行動を完全に把握できるならそれを折り込んで契約し，必要があれば，対価を調整することができるはずですが，行動が予測できない，あるいは把握できず，取り決めたはずのことが，後から裏切られる可能性があると，それに備えるメカニズムを用意しておく必要がある，ということです。

二つ目の類型は，取引費用の問題です。これは，コストがかかるので，それを避けようとすれば採用せざるを得ないというタイプのルールです。それ以外の取引ルールであっても，コストがきちんと負担されるならば，ほかのルールであっても構わないのですが，それはコストがかかるので，このルールがベストであるというケースです。

この2番目の類型では，先に申しました「分配」の問題が紛れ込みやすいので，注意する必要があります。一般論として言えば，コストがかからないほうがよいということに疑問の余地はないのですが，それは誰のコストなのかという点を，よく確認しなければならないということです。もしも，ある当事者Xのコストを削減するということだけであるとすると，それ以外の当事者には，実はコスト増になっているかもしれません。これは，単にコストを押し付け

合っているだけであって、そこに合理性を認めることはできません。そうではなく、取引当事者全体、ＸＹＺの全員を総体として見た場合のコストが削減されるというのであれば、「効率性」が改善しているので、合理性を認めることができます。あとは、その削減されたコスト相当分をＸが独占しているのか、それともＹＺにも恩恵が及んでいるのかという問題が後に残るわけです。これも「分配」の問題ですが、ある意味では対価の問題でして、司法機関は対価規制をしないというのが基本的な考え方だと思いますので、裁判所ができることは多分少ないと思います。しかし、全体としてコストが削減されているということがどうかということは、裁判所としても確認する必要があるのだろうと思います。

　第二の類型と比べて、第一の類型（不完備情報の問題）はどこが違うかといいますと、相手方の行動が予測できない、相手方のコントロールが契約によって担保できないとなると、そういう取引が成立しないおそれがあるという点です。ですから、第一の類型は、単にコストを削減しているだけではなく、そもそもそういう取引を成立させるための前提条件であるという意味で、第二の類型とは位置付けが違うとお考えいただいてよいのではないかと思います[6]。

　三つ目の類型は、実務では非常に多いのではないかと思いますが、何となく昔からそうしています、当業界ではそうなっていますというタイプの取引慣行です。過去の経緯だけで、なぜ合理性が肯定できるかと言いますと、業界全体が、あるルールで動いているときに、特定の当事者だけが違ったルールで行動すると、多数のルールと少数のルールの両方に対応しなければならないなど、非常に不合理な結果になることがあり得るからです。あるいは、今までの慣行を根底から変えようとすると移行のコストがきわめて大きくなるので、現状を前提にすれば合理性はあるということもあります。これは、経済学の用語では、

---

[6] 正確に言えば、情報の不完備から生ずるコストも取引費用に含まれるので（スティーブン・シャベル（田中亘＝飯田高訳）『法と経済学』97頁脚注8〔2010〕）、第二の類型は「情報が完備であったとしても生ずる取引費用の問題」であり、第一の類型は「情報の不完備に伴う取引費用の問題」である。

経路依存性（path dependence）と言われる問題です。もし，いま白地からルールを作るのだとしたら，別のルールの方が合理的である（「効率性」が高い）という場合であっても，今までの積み重ねを前提とした現状の下では，既存のルールを維持することに合理性があり得るわけです。

2　「情報の不完備」と取引相手の規律

(1)　金融取引

相手方の行動をコントロールする必要から生まれた取引実務は，金融取引に多いと思います。金融取引には，情報の問題が常につきまとうからです。資金を貸す側から見ますと，貸した資金が有効に使われて弁済されるかどうかということが重要で，貸し手はこれを判断します。銀行であれば融資審査をします。ところが，審査をしてひとたび契約すると，それ以降の借り手の行動は，完全には縛れません。借り手が貸し付けの前提となっていた事業目的などに資金を使わず，借りた資金をギャンブルに使おうとしたとしても，それを物理的に阻止することは不可能です[7]。

このように，不完備情報の問題が深刻であるため，銀行取引約定書には，銀行の権限がいろいろと書かれています。平成の初年までは，銀行取引約定書の「ひな型」をすべての銀行がそのまま使用していましたから，『新版注釈民法』にはそのひな型の注釈が収録されていますが，その中で，「このような"頭のよい約款"は，諸外国には存在しないのではないだろうか。このような特殊日本的な約款の存在は少しも誇るべきことではない」と書かれています[8]。ここには，平成初期までは広く抱かれていた認識，すなわち，銀行は企業に対して優越的な地位に立っていて，契約上も権限を広く持ち過ぎており，強過ぎる銀行

---

[7]　たとえば設備信託のような取引スキームは，資金が当該設備の調達以外に使われる可能性を排除して，金融取引における不完備情報の問題を解決する仕組みの一つであると言える（鉄道設備信託について，小塚荘一郎「鉄道車両ファイナンスに関する法ルールの歴史と展望——ケープタウン条約ルクセンブルク議定書の理論的分析」『江頭憲治郎先生古稀記念・企業法の進路』581頁〔2017年〕参照）。

[8]　鈴木禄彌編集『新版注釈民法（17）』351頁〔1993年〕〔中馬義直〕。

の立場が日本の事業会社の足かせになっている，という見方が表れています。バブル経済の時代を迎えるまで，戦後の日本では，資金需要が供給を超過していたこともあって，そういう感覚が生まれたのではないかと思います。

　しかしそれは，今にして思えば，資金の需要と供給の関係で借り手の側が弱い立場にあったというだけの話であって，契約自体がそれほど不当であるかというと，そうとは思われないのです。銀行取引約定書の中で銀行の権限を一番大きく留保していると言われたのは，相殺予約に関する条項です。相殺予約を可能にするために期限の利益喪失事由を定め，また手形割引については銀行の買戻請求権を規定しています（これが，裁判で争われた末に明記された経緯は，後で触れることにします）。その後，国税滞納処分との関係で差押えと相殺の問題が出てきたため，差押命令の送達時に，債務者は当然に期限の利益を喪失するという条項が設けられました。先の引用で「頭のよい約款」と言われているのは，このあたりのことだと思われます。

　これと同じ頃に書かれた江頭憲治郎教授の「社債の財務制限条項とその在り方」という論文では[9]，社債の財務制限条項について，（当時の）経済界はその内容が厳し過ぎるということを言っているけれども，銀行取引約定書に比べるとそれほど厳しいとは言えないのではないかという主張を展開されています。これも，銀行取引約定書では銀行が非常に大きな権限を留保しているという前提で書かれているわけです。

　社債について言いますと，当時，財務制限条項と言われていたものは，その後，社債発行市場の規制緩和によって財務上の特約と呼ばれるようになり，また社債以外の貸付け（事業性ローン）にも使われるようになりました。名称も，最近では，専らコベナンツと呼ばれています。これらの社債や貸付のコベナンツにどのような条項が含まれているかを，最近の典型的なシンジケート・ローンその他の銀行の貸出しに付されるコベナンツを材料として見てみますと，(1)

---

[9] 江頭憲治郎「社債の財務制限条項とその在り方」『石田満先生還暦記念・商法・保険法の現代的課題』66頁〔1992年〕。

キャッシュフローの維持（借り手の流動資金の量を一定の指標を満たす水準に維持する義務），(2)資産の売却制限（重要な資産の売却に先立って債権者の同意を得る義務），(3)流動性の維持（貸借対照表上の流動性資産等が貸借対照表の一定比率を上回るように維持する義務），(4)自己資本比率の維持，逆に言えば，負債比率の制限，(5)設備投資の制限や配当の制限など，重要な資金使途に関する制限，(6)新規の借入制限，あるいは借入れに伴う担保設定の制限などがあります。この(6)で新規の借入れが制限される理由は，融資契約をした時点で，銀行が借り手のリスクを一定の水準と判断したにもかかわらず，その後，借り手が別の貸し手からまた資金を借り入れると，そのことによって借り手の倒産リスクが増大するからです。従って，これも，情報不完備の問題の一つであると言えます。

　これらの義務に違反した場合のサンクションは，期限の利益喪失です。そして，当然の期限の利益喪失というよりは，期限の利益喪失事由に該当したとして，債権者が最終的に期限の利益を喪失させるかどうかを判断する，債権者の意思表示に係らしめるということが多く，そのために，社債であれば社債権者集会，シンジケート・ローンであれば意思結集手続等が必要になるということは，御承知のとおりです。

　さて，このようにみたとき，銀行取引約定書とコベナンツのどちらが厳しいのかということを比較することは，ある意味では，意味がないかもしれません。むしろ重要な問題は，それぞれの約定が情報不完備の問題についてどのように対処しようとしているのかという点です。

　コベナンツは，基本的には債務者の行動を直接的に制限します。新規の借入れをはじめ流動性やキャッシュフローの面から，その事業の運営自体について規制をかけ，また資金の使途について，配当などに制限をかけるといった形で借り手の行動を制約し，それによって，借り手のリスクが貸付けの実行時から一方的に変更されないようにするということが，コベナンツの考え方です。これに対して，銀行取引約定書にはそういう条文はまったくありません。別の銀行に行って二番目の借入れ，三番目の借入れをしようと自由なのです。昔から，

日本はメインバンク制度があると言われながら、メインバンクというのは、実は独占的な貸し手ではなく、企業は複数の金融機関と取引関係をもっています[10]。ですから、二番目、三番目の借入れを行うことは不可能ではなく、銀行取引約定書はそれを排除していません。排除しない代わりに、最後の最後になったら自行がいつも優先するという条項を入れているわけです。これは、二番目、三番目の貸し手から見ると、借り手の信用状態が悪化した場合に劣後するということを意味しますから、それによって、新規の借り入れが自ずと抑制されるという構造になっているわけです。

このように、銀行取引約定書とコベナンツは、債務者の行動の抑止の仕方を異にするのであって、どちらが債務者に対して厳しいのかを比較できるような関係にはありません。そして、仮にどちらも規制してしまったら、借り手が借り入れの実行後にリスクを変更することがまったく自由になってしまい、アメリカの法と経済学で「債務者の機会主義」(debtor's opportunism) として知られた事態が発生します。これは、とくに債務者が株式会社や合同会社など有限責任の主体である場合には大きな問題で、借り入れの実行後、リスクを高めて自分たちに都合の良い取引を実行することが、有限責任制度の濫用などと呼ばれています[11]。それを規律するためには、銀行取引約定書にせよ、コベナンツにせよ、貸し手の権限が大き過ぎるということはなく、むしろ金融取引における情報の問題を考えれば、この程度の権限は、銀行は当然に必要とするのでは

---

[10] 公正取引委員会『金融機関と企業との取引慣行に関する調査報告書』〔平成13年7月〕では、中小企業でも7、8行、大企業になると十数行と取引をしているという調査結果が報告されていた。最近、経済学の専門家と共同で行った実証データ分析 (Arito Ono et al., A New Look at Bank-Firm Relationships and the Use of Collateral in Japan: Evidence from Teikoku Databank Data, in: Tsutomu Watanabe, Iichiro Uesugi & Arito Ono (eds.), The Economics of Interfirm Networks (Springer, 2015), pp.191-214) では、中小企業では、2、3行、大企業で6、7行という数字になっているが、これは、二つの調査の間に金融機関の合併・統合が進んだ結果を反映しているのであろう。

[11] 有限責任制度の濫用については、田中亘編著『数字でわかる会社法』39頁以下〔後藤元〕〔2013年〕参照。

ないかと思われます。日本の銀行取引約定書は，比較法的に珍しい文言を含んでいるのかもしれませんが，その理由は，英米などでは，以前からコベナンツによって，より直接的に債務者の行動を規律しており，相殺を差押えに勝たせるといったことを問題とする必要がなかったということにすぎないのではないか，という気がしております。

(2) フランチャイズ契約

近年，訴訟で争われることが増えているフランチャイズ契約についても，金融取引と同様の分析をすることができます。そうした訴訟では，フランチャイズ契約において，フランチャイザー（本部）が広範な権限を留保しており，構造的に不公正であると主張されることがありますが[12]，これも，金融取引における銀行（貸し手）の権限と同じように，不完備情報の下で相手方の行動を規律しようとすれば必然的に要請されるものではないかということです。なお，免許事業である銀行業とは異なり，フランチャイズ事業の場合，実態として不適正な，場合によっては詐欺的な運営が行われている事例も少なくありませんが，ここでは，そうした実態ではなく，理念型としてのフランチャイズ契約の仕組みについて議論いたします。

はじめに，フランチャイズ契約とはどういうものかということを簡単に説明します。フランチャイズ契約は，フランチャイザー（本部）とフランチャイジー（加盟店）との間で締結される契約です。各フランチャイジーがフランチャイザーと結んでいる契約は，基本的には同じような内容の契約であるはずです。加盟店の営業方法を全て統一して，そのため消費者から見ると，どの加盟店に行っても同じに見えるようにするためです。なお，日常的に見かけるフランチャイズの例はコンビニとかファストフードですけれども，フランチャイザー（本部）が大規模企業でフランチャイジー（加盟店）が中小の個人商店であると

---

[12] 近藤充代「コンビニ・ＦＣ契約をめぐる判例の新たな動向」『清水誠先生古稀記念・市民法学の課題と展望』537頁〔2000年〕，同「コンビニ・フランチャイズ訴訟の新たな展開と課題」丹宗暁信＝小田中聰樹編『構造改革批判と法の視点──規制緩和・司法改革・独占禁止法──』193頁〔2004年〕など参照。

は限りません。国際的なブランドのホテルなどはすべてフランチャイズで，それぞれ地元の資本で経営をしています。その場合は，ブランドホテルの本部がフランチャイザー，東京とかニューヨークとかの「＊＊ホテル」の経営主体がフランチャイジーということになります。

　フランチャイズ契約の定義としては，（一社）日本フランチャイズチェーン協会のものがよく知られており，それによれば，「事業者（「フランチャイザー」と呼ぶ）が，他の事業者（「フランチャイジー」と呼ぶ）との間に契約を結び，自己の商標，サービス・マーク，トレード・ネームその他の営業の象徴となる標識，および経営のノウハウを用いて，同一のイメージのもとに商品の販売その他の事業を行う権利を与え，一方，フランチャイジーはその見返りとして一定の対価を支払い，事業に必要な資金を投下してフランチャイザーの指導および援助のもとに事業を行う両者の継続的関係をいう」とされています[13]。つまり，フランチャイザー（本部）が「フランチャイズ・パッケージ」を提供し，それに対してフランチャイジー（加盟店）が対価を支払うという契約がフランチャイズ契約であり，ここにいう「フランチャイズ・パッケージ」に，①商標その他の標識のライセンス，外観の統一，②経営のノウハウの提供，そして，③開業時だけにとどまらない継続的な指導及び援助，が含まれます。そして，これに対するフランチャイジーからの対価は，ロイヤルティーとかライセンス料，あるいは（フランチャイズ・）フィーと呼ばれる金銭の支払です。この（一社）日本フランチャイズチェーン協会の定義は，説明的で，法律家には少し使いにくいので，私は，定義を要件立てて整理したことがあります[14]。

　さて，この基本構造の中では，フランチャイザー（本部）がフランチャイジー（加盟店）に課す義務は，対価の支払義務しかありません。ところが実際の契約書を見ると，多岐にわたる義務が課せられています。たとえば，契約条項

---

[13] 一般社団法人日本フランチャイズチェーン協会（企画編集）『改訂版フランチャイズ・ハンドブック』24頁〔2017年〕。
[14] 小塚荘一郎『フランチャイズ契約論』45頁〔2006年〕。

によってマニュアルの遵守義務が課され，そのマニュアルでは，営業時間や営業方法，細かなところでは挨拶の仕方，トイレの掃除をする時間の間隔など，そういう事柄まで規定されます。また，資金の管理とか，飲食のチェーンであれば調理の方法など，かなり立ち入った義務が課せられています。そのために，一見すると一方的に偏った内容の契約にも映るのでしょう。しかし，もしそれらの義務を書かなかったらどうなるのかということも考える必要があります。客が来店すると，きれいに掃除してある店舗も散らかっている店舗もあります。「いらっしゃいませ。」と挨拶をするお店もあれば，何も言わずに店員が立っているお店もあります。温かいハンバーガーが出てくるお店もあれば，冷めたハンバーガーが出てくるお店もある。これでは，フランチャイズチェーンのどこが統一的なのか，そもそもこの「○○チェーン」という商標を信用していいのかという問題が，当然に出てくるわけです。そうなると，熱心に経営しているフランチャイジー（加盟店）には，他のフランチャイジー（加盟店）で悪い経験をした客が，同じような店舗であると思って足を運ばなくなるという被害が発生します。逆に，水準以下の経営をしているフランチャイジー（加盟店）は，きちんと経営しているフランチャイジー（加盟店）で良い体験をして，同じサービスを期待している客を迎え入れることになりますから，自分たちの努力以上の利益を得ることになります。これは，フリーライドの問題です。自分の店だけ手を抜けば，当然，自分の店の経費は安くなります。人件費も削ることができ，そうすることで，自分の店だけ利益を上げて他のフランチャイジー（加盟店）なりフランチャイザー（本部）なりが努力してきたことにただ乗りをすることが可能になるわけです。

　こうした事態を防ごうとすると，フランチャイジー（加盟店）が守るべき基準を書かなければいけません。そうした基準を契約のときに提示しただけでは，そのとおりに実行されるという担保がないということになれば，それをすべて契約上の義務として書き込み，義務の違反に対しては，もちろん最も厳しいものは契約解除と損害賠償（その額の予定）ですけれども，そこに至るまでのさまざまな制裁を用意します。フランチャイジー（加盟店）に課す義務は，

行為規範としては単一でも、違反の態様はさまざまであり得ますから、それに合わせて、フランチャイザー（本部）の側の権限を広めに書いておくということをせざるを得ないわけです[15]。スーパーマーケットのように店舗を直営にして従業員を雇用するのではなく、独立性のあるフランチャイジー（加盟店）に店舗経営をゆだね、ロイヤルティーを支払った残りの利益をインセンティヴとして、店舗経営に対する努力を引き出すという構造を持ちながら、なおかつ、フランチャイジー（加盟店）によるフリーライドを避けるためには、多岐にわたる契約上の義務と、違反に対するフランチャイザー（本部）の広い権限を定めざるを得ない。これは金融取引の場合と同じで、相手方の行動を規律できないという情報の不完備の問題に起因する構造であると考えられます。フランチャイズ契約のそうした本質は、法律家として理解しないといけないのではないかと思うわけです。

このようなフランチャイズ契約に関して、ある時期からしばしば取り上げられるようになった論点が、「廃棄ロス」と言われる問題です。廃棄ロスとは、コンビニで販売される食品などが消費期限を過ぎて廃棄の対象になったことから計上される損失ですが、一部の論者が、廃棄の対象になった商品の価格までもがロイヤルティー計算の対象になっていると主張するようになりました[16]。問題の背景として、ファストフードなどコンビニ以外のフランチャイズ・システムでは、売上の一定割合としてロイヤルティーを算出していますが、コンビニだけは、粗利の一定割合という形でロイヤルティーを計算します。なぜそうなのかという問題はあるのですが、そこは少し置いておきまして[17]、粗利をどのようにして算定するかというと、基本的には売上から仕入金額を引いたものが粗利です。ところが廃棄があると、廃棄ロスを足し込んだ金額が粗利とされて

---

[15] このようなフランチャイズ契約の実務が、改正民法の下で、どのような影響を受けるかという実務上の論点の検討として、小塚荘一郎ほか「民法改正がフランチャイズビジネスに及ぼす影響（上・下）」Business Law Journal 114号46頁、115号46頁〔2017年〕。

[16] たとえば、近藤・前掲論文「判例の新たな動向」〔註12〕・555頁。

[17] 小塚・前掲書〔註14〕・61～62頁参照。

商取引の合理性と非合理性

図
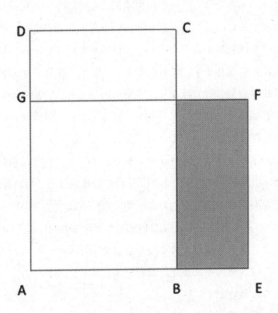

います。この粗利に一定割合（コンビニの場合，40％から60％程度）を掛けます。売上マイナス仕入れの金額に40％から60％がかけられ，廃棄ロスにも40％から60％がかかっている，だから廃棄ロスにロイヤルティーがかかっているという議論なのです。

　しかし，その議論は，少し丁寧に見れば間違っていることが分かります。図のABが売れた商品です。縦軸が単価，横軸が数を示していますので，ABCDの長方形全体が売上金額です。これに対して，仕入れは，売れたものと売れ残ったものを合わせて，AEの部分を仕入れています。AEFGの長方形が仕入金額ですから，ABCDの長方形からこれを引くと，灰色の部分がはみ出しています。これは何かというと，売れ残り，廃棄した商品です。売上は廃棄していない分しか立っていませんから，廃棄した分を足し込んでいるのです。実はそれだけのことであったのです[18]。

　それがなぜ騒ぎになったのかというと，ロイヤルティー計算の数式だけを見

て誤解されたか，あるいはもう一つの可能性として，この「粗利益」という言葉が，企業会計で使われる意味と異なっている点に原因があったのかもしれません。企業会計では廃棄のことを考えずに計算していますから，単純に「粗利＝売上－仕入れ」になります。これに対して，廃棄を問題にするのは，投資家に開示する目的の企業会計ではなく，企業の内部で経営管理のために行う管理会計なのです。しかも一部のコンビニエンスストアが，管理会計の用語とも微妙に違う術語を採用していたので余計混乱しました。これについては御存じのように，平成19年に最高裁で，ロイヤルティーの計算にいう粗利益とは，契約で合意された「粗利益」のことであり，契約で合意された「粗利益」の意味は，マニュアルで説明され口頭で契約時に説明した内容によるという判決が出ました（最判平成19・6・11裁判集民事224号521頁，判例時報1980号69頁）。その結果，一般的な会計学の用語がどのような意味であろうと，特定のフランチャイズ契約においては，契約中に規定された数式により定義されるということになり，一件落着したわけです。

　その後，公正取引委員会が，廃棄を避けるために，商品の消費期限直前に値下げをすることが制限されているのではないかという問題を指摘しました。多くのフランチャイザー（本部）では値下げをしないように指導していたようで，そのようにして値下げを制約すると価格維持効果を持つおそれがあると判断され，排除措置命令が出されました（排除措置命令平成21・6・22）。

　実は，この値下げの話が出てきたという点に，廃棄ロスにロイヤルティーがかかっているか否かというような問題よりも，ずっと重要で本質的なことが隠されています。

　どういうことかといいますと，消費期限を過ぎた食品を廃棄すること自体は，食品安全上，結構なのですが，だからといって廃棄が大量に出てよいのかとい

---

[18] コンビニエンス・フランチャイズ・システムをめぐる法律問題に関する研究会「コンビニエンス・フランチャイズ・システムをめぐる法律問題に関する研究会報告書(4)」NBL951号70頁〔2011年〕。

う問題なのです。そうではなく，廃棄量をできる限り少なくする方が望ましいはずです。廃棄量を少なくするにはどうしたらよいかというと，発注量を少なくすることが考えられます。つまり売り切れが生じる状態にしてしまえば，廃棄はゼロになるのです。これは，フランチャイジー（加盟店）の立場です。

　ところがフランチャイザー（本部）の側は，このチェーンでは特定の商品，たとえば弁当がしばしば売り切れているということが，チェーンとしての評判，信用に関わると考えています。少し古い文献ですが，セブンイレブンのマニュアルに，「仮に3000品目の品揃え中，30品目の欠品があっても，それは1％の欠品率ではない。欠品しているその商品を買いに来られたお客さまにとっては100％の欠品率になる。」と書かれていると指摘したものもあります[19]。

　そういう考え方をとると，売切れが出るように発注を控えるのではなく，むしろ積極的に注文をせよ，それによって売切れを避けるようにして，その結果，売れ残る物があれば廃棄をすればよいではないかということが，フランチャイザー（本部）の意向になるわけです。それがフランチャイザー（本部）の意向なのであれば，フランチャイジー（加盟店）の行動をそのようにコントロールすべきではないだろうか。つまりロイヤルティーを計算する過程で，廃棄ロスを足し込む際に，その廃棄ロスについて一定のフランチャイザー（本部）の意向があるのであれば，そのように行動したくなるようにフランチャイジー（加盟店）にインセンティヴを与える動機付けをすべきではないかということです。

　では動機付けをどのようにするのかというと，簡単に言えば，その部分について一部補助金を出せばいいのです。多少発注を多めにして廃棄が出てもよろしい，廃棄が出たら，その分は補助金を出しますから，廃棄をおそれず発注をしなさいということにするのです。廃棄される分についてはフランチャイザー（本部）が引き取って，それを飼料などに再生すれば，社会のためにもなります[20]。契約関係において補助金とは，ロイヤルティーを一部マイナスにするこ

---

[19] 国友隆一『セブン－イレブンの高収益システム』131頁〔1994年〕。
[20] 「2014年度コンビニエンスストアの経済・社会的役割に関する調査報告書」(2015年3月)。

と，つまりロイヤルティーを減額すれば，裏返しの補助金として機能します。そのように，ロイヤルティーの水準を適正に調整して相手方の行動を規律する，これが必要なことだと考えられるわけです。ですから，問題の本質は，相手方に適切な規律付けを与えるということなのです。これまでに述べてきた銀行取引約定書も，フランチャイズ契約中の義務規定の話も，相手方に望ましくないことをさせないための動機づけでしたが，ここでは逆に，特定の行動をとらせるためにはどういう規律付けをしたらよいかということが問われているわけです。

公正取引委員会が問題にした値引きの規制も，実は同種の問題でして，直前に値引きをしてでも売り切ることができるようにすれば，発注量を増大させる動機づけになります。多めに発注をして後で値引き販売をすることを認めるわけですから，これもまた発注量を増大させるための動機付けの一つの方法なのです。ところが，これが行き過ぎますと，今度はフランチャイジー（加盟店）のインセンティヴが逆になります。例えば，値引きを大幅に行って原価割れになれば，むしろロイヤルティーが減って，フランチャイジー（加盟店）の利益は増えますが，フランチャイザー（本部）の利益が減るということになります。すると，発注し過ぎという逆のインセンティヴが発生しますので，どこかに限界はあるはずなのですけれども，公正取引委員会の排除措置命令は，そのあたりには立ち入っておりません。

以上が第1の類型，情報不完備の問題があるときに，相手方の行動を規律するために必要な取引ルールの問題です。

3 取引費用の削減

(1) 再保険取引と保険代位

次に，第二の類型として取引費用の問題を議論します。まず，商法1条2項にいう商慣習（当時は「商慣習法」）が認められた事例としてよく知られている大審院の再保険と保険代位に関する判例を取り上げます（大判昭和15・2・21民集19巻273頁）。

これはどういう事案かと言いますと，保険金を支払うと，保険者はその金額

の限度で被保険者が持っていた請求権に代位するということが，保険法のルールとして認められています（現行法では保険法25条）。通常，保険約款にも確認的に代位権の発生を規定し，かつ，代位権の行使方法なども定めています。

この事件では，船に保険をかけていたところ，東京湾から隅田川を下っていた際に船が事故に遭って保険会社が保険金を支払いました。衝突事故ですので，相手方に対する損害賠償請求権があり，保険者はこれに代位します。

問題はここからです。保険者は，しばしば自分の引き受けたリスクのかなりの部分を再保険に出しています。そうしますと，その再保険契約では，保険者が保険契約者の立場になっています。するとそこにも代位が発生します。元受保険者が被保険者に保険金を支払いますと，それは再保険で言う保険金支払事由ですから，元受保険者は再保険者に対して（再）保険金の支払を求めます。再保険者は，被保険者である元受保険者に対して，もとの被保険者（被害者である船舶の所有者）に対して支払われた保険金相当額のうち再保険にかかっていた割合を再保険金として交付します。そうすると，再保険も保険ですから，現行法で言えば保険法25条の条文が適用され（あるいは再保険契約の該当する条項により），代位をすることになります。

ところが，衝突した相手船に対して，元受保険者が，損害賠償請求権を全額行使してきたのです。そこで，相手船の所有者は抗弁として，再保険金を受け取っている以上は，その部分に該当する代位すべき請求権はないはずである，その分は再保険者にもう移転してしまっているはずであるという抗弁を出したわけです。

これに対して元受保険者は，確かに権利は既に保険代位で，再保険者に移転しているのだけれども，その部分については元受保険者が委託を受けていて，自己の名で権利を行使していると主張しました。自己の名で権利を行使しているということは，非顕名の代理あるいは授権ということでしょうが，これは，商慣習としてそうすることになっていると主張して，大審院で商慣習法の存在が認められたという事案です。

原判決の中で判示されていますが，元受保険者は一社であっても，再保険者

は複数者である場合があります。再保険者は海外の保険者（再保険専門の保険事業者などもあります）かもしれません。そういうときに、全ての再保険者が、それぞれ少額ずつの損害賠償請求権について保険代位を主張して行使してきたら、きわめて面倒になる。したがって、それを元受保険者が一括して権利行使することには合理性が認められるのです。また、裁判所は触れていませんが、どれだけの割合を再保険に出して、どの再保険者から代位行使の権利を与えられているかを顕名しなければならないとすれば、再保険に出した割合を開示してしまうことになる。それは一種の事業上のノウハウですから、顕名をせずに自己の名で取引をすることには合理性があるという側面もあります。

　これなどは、単なる取引費用の問題で、そこには再保険が保険者を信用しないとか、保険者が再保険者を信用しないとか、そのような問題は何もないわけです。単に一括請求をして後で分配する方が、コストが少なくて済むというだけのことです。もっと言えば、そのように合意して、保険代位により取得した権利の行使を元受保険者に委託すると、再保険契約の中で明示的に書けばよいのです。

　ところが、不思議なことに、再保険の取引では、そもそも契約書をきちんと作らないことも多いのです。日本の保険会社の間では、最近は再保険契約書を交わしているようですが、たとえばイギリスのロイズマーケットで取引される再保険の場合は、スリップという取引条件を記載した書面はありますが、それに基づいて合意した後の契約書は作らないようです。ですから、権利の代位行使の委託などということが明文の契約条項として書かれるわけがないのですが、業界内では当然のこととされている。その意味で、文字どおりの商慣習法の事案であったのだろうと思います。これは、当事者の行動規律ということではなく、単にコストの問題としてこうすることに合理性があったという事案です。

(2) 手形買戻請求権

　手形買戻請求権は、銀行取引約定書の中の相殺を可能にする請求権の一つですが、これも同じように理解することができます。日本では、為替手形ではな

く約束手形を利用する件数が圧倒的に多いので，以下ではその前提でお話しますが，現在の銀行取引約定書には，振出人の信用悪化の場合と，割引依頼人の信用悪化の場合と，どちらにも買戻請求権が認められると書いてあります。

　しかし，昭和40年に統一的な銀行取引約定書が作られる以前は，約定書にこれが書かれていなかったので，幾つも判例が出て最高裁まで争われました。結局最高裁は，銀行取引にはそういう事実たる慣習があるということで，商慣習法ではなく民法92条の「慣習」を肯定しました（最判昭和40・11・2民集19巻8号1927頁）。

　これも一見するとおかしく見えるわけです。約束手形では，振出人が最終的かつ絶対の債務者です（手形法78条1項）。ですから，振出人の信用が悪化したときに買戻請求権を行使することは，割引依頼人が約束手形に裏書きをするという前提に立てば，裏書人の遡求義務をいわば少し時期を早めて請求したのだと見ることができますから，それだけであれば合理性が分かりやすいでしょう。

　ところが，割引依頼人の信用悪化というのは，振出人の信用に関係がないわけですから，この手形を振出人に対して満期に取り立てればよいように見えます。満期に，振出人に対して約束手形を取り立てて，支払がなされればそれですむことです。取立てができなかったときに，遡求とか買戻しを問題にすればよいのではないかということになりそうなのですが，そうではなく，割引依頼人の信用悪化についても買戻事由としているのです。手形法の論理から言うと，これは少しおかしいのです。

　手形法の論理からするとおかしいのですけれども，銀行から見ると何もおかしくはない。というのは，銀行にとってみますと，振出人は他の銀行の顧客ですから，その信用調査は簡単ではないわけです。したがってコストがかかります。割引依頼人は当行の顧客ですから，常にモニタリングしています。どちらが簡単かといえば，割引依頼人の信用状態をモニタリングするほうが，銀行にとってはコストがかからないわけです。コストがかからない方でモニタリングしていて，割引依頼人の信用が悪化すれば買戻請求をします。その割引依頼人が買い戻した後に，さらに信用悪化が続いて，その割引依頼人が倒産し，民事

再生や会社更生の手続が開始されたとしても，管財人がその手形を取り立てればよいではないかということで，銀行から見れば，ここには合理性があるわけです。

ただ，先ほどの再保険の商慣習法は，システム全体のコスト削減になっていることが明らかですが，この手形の買戻請求権の場合は，銀行の側にとってはコスト減になっているのですけれども，割引依頼人にとってはコスト減になっているのかという問題があります。

恐らく銀行の立場からすれば，振出人の信用悪化のみを買戻事由にしておくと，振出人に請求をして結果的に支払が拒絶され，手形が不渡りで戻ってきたときに，遡求権を割引依頼人に行使しようとしたら，割引依頼人も倒産していて，遡求権が破産債権あるいは民事再生の再生債権になってしまうというリスクを見込んで，手数料，割引料を計算することになります。その状態と，割引料に割引依頼人の無資力リスクを織り込まない状態と，どちらがよいのかということだと思われます。

信用悪化する割引依頼人というのは，全体の中の一部です。信用悪化しない割引依頼人の方が圧倒的に多数です。しかし，銀行の側から見ますと，どの割引依頼人についてもそのリスクがある（細かく言えば，割引依頼人の信用状態に応じて割引料を変えることも考えられますが）ので，そのリスクに見合ったコストは，結果的に信用悪化する割引依頼人だけではなく，それ以外の割引依頼人にも広く薄く負担されることになる。このように考えるならば，割引依頼人の信用が悪化した場合に，手形の満期を待たず買戻を請求する権利を留保した方が，当該割引依頼人を含めた銀行取引の関係者全体，日本社会全体の中で，コストが節約されていると言えそうであり，そうなりますと，それなりの合理性はあるということになります。銀行の立場を正当化するならば恐らくそういうことだろうと思います。

(3) 荷為替信用状付き為替手形の買戻し

この話が極端になった問題が，荷為替信用状の買戻請求（正確に言えば，荷為替信用状に基づく荷為替手形，あるいは荷為替書類の買戻請求）です。

はじめに，荷為替信用状の仕組みについて概観しておきます。キャッシュマネジメントシステムなどが発達しましたので，最近ではあまり使われなくなりましたが，伝統的には，国際取引では為替手形が多く用いられてきました。為替手形を売主側が振り出すという取立て（いわゆる逆為替）の仕組みです。ですから，売主側が振出人となり，売主の取引先銀行を受取人にして買い取ってもらいます。買取銀行が買主側の国の銀行を通じて，これを取り立てます。買主が支払人であり，この為替手形が到達したところで買主に引受けを求めるか，あるいは直截に支払を求めます。このときに船荷証券が一緒に送られてきますので，その船荷証券を入手するためには，それと引換えに為替手形に引受けあるいは支払をするように求めるという取引条件を課すのが荷為替手形の仕組みであり，荷為替手形の仕組みをとることによって，買主の側は船荷証券と支払の同時履行を実現できます。しかし，売主から見ると，船積みは先に行わなければならないので，最後の段階で積み荷の引渡しは，確かに為替手形の引受け又は支払があるまで拒絶できるかもしれませんが，船積みについては先履行になります。そこで，船積み前に支払の保証が欲しいということで，荷為替手形を取り立てる銀行が（厳密に言うと違う銀行でも構わないわけですけれども），支払を担保する意味で信用状を発行するということになるわけです。

この荷為替信用状の法的な性質は，無因の債務負担約束です。日本法上，無因の債務負担約束という概念を認めることに否定的な見解もありますが[21]，少なくとも荷為替信用状については，十分に取引界で受容されており，疑問は少ないと思います。ともあれ，基本的には，条件に合う船荷証券その他の船積み書類が提示されたら，銀行は必ず支払をするということが，荷為替信用状の制度の本質です。実際に送られてきた商品が，例えば合意したものと違う場合，売買契約上は債務不履行になりますけれども，書類上は条件が整っていることがあります。それはどこかに間違いがあるわけです。誰かが書類を偽造したと

---

[21] 伊藤滋夫「『単純合意』というものの捉え方——要件事実論の視点からする『法的拘束力を持つ合意』への模索」同編『商事法の要件事実』82頁〔2015年〕参照。

か，記載漏れがあったとか，何らかの事情があるわけですけれども，とにかく書類上合っている以上は，信用状発行銀行は支払を実行してしまい，あとは売買契約の不履行の問題として売買当事者間で解決するというのが，荷為替信用状の基本的な原理です。ですから，無因，無条件の債務負担約束と言われるわけです。

　ところが，日本の銀行は，この取引に外国為替取引約定書というものを持込み，その外国為替取引約定書に銀行取引約定書の条項をコピーペーストしたわけです。その結果として，為替手形であるにもかかわらず買戻請求権が書かれています。為替手形の買戻請求権を書いて，しかもそれについて支払拒絶の当否を問わず買戻請求をできるとされています。

　具体的には，買取銀行が，売主から買い取った為替手形に船積書類を添えて提示します。信用状発行銀行は，信用状が無因の支払約束である以上，条件に合致した書類が提出されていれば支払をしなければならないものをなぜか拒絶します。なぜか拒絶されて戻ってきたら，買取銀行は，買取依頼人（原因取引上の売主）に対して買戻請求をしますという条項が入っているわけです。それでは無因の債務負担約束になっていないではないかということで，一時期訴訟が複数提起されました。その場合，外国為替取引約定書に定められた買戻請求権には，書かれざる要件として「支払拒絶が正当な場合」といった限定があるのかどうかという形で，約定書の解釈が問題になりました（東京地判平成5・2・22金融・商事判例932号9頁など）。

　ところが，買取銀行と信用状発行銀行の間にもう一つ銀行が入り，再買取銀行となることもあります。再買取銀行が入ったところで，その再買取銀行と最初の買取銀行との間でも同じような買戻しの請求ができるのかということが争われました。先ほどの再保険と同じなのですが，銀行同士では約定書を取り交わさないので，よるべき明文の契約は何もないことになります。しかしそこには，商慣習ないし商慣行として，買取依頼人と買取銀行の間で交わされる外国為替取引約定書の規定と同じ内容で買戻請求を行うということが，我が国の銀行取引における実務となっており，これが商慣習ないし商慣行であるというこ

とが大阪地裁の判決で言われたのです（大阪地判平成2・2・8判例時報1351号144頁）。

　これはなぜこういう紛争が起きたかといいますと，実は当該事案の当事者は外銀同士であったわけです。外銀同士であったので，どちらも日本に支店はあるのですけれども，そのような慣習は知らないといって訴訟にまでなったのですが，大阪地裁は，これは日本における銀行取引の商慣習ないし商慣行なので，外銀であっても日本にある支店はそれに拘束されるということを言ったわけです。拘束されるのだとすると，これは事実たる慣習ではなくて，当時の言葉で言う商慣習法（現在の商法1条2項にいう「商慣習」）になるのではないかという気がしますが，そこは置いておきましょう。

　何が問題かといいますと，先ほど少し申しましたが，荷為替信用状の無条件の支払という性質と，この商慣習ないし商慣行が矛盾しているのではないかということです。信用状取引のルール自体は，信用状統一規則という形で国際的も統一されたものがあり，発行された信用状のなかで必ず参照され，取り込まれていますけれども，それによれば，書類を審査して少しでも信用状条件との不一致があれば支払を拒絶します。例えば，アメリカの有名な判決で，ソラン（Soran）という人が売主，受益者になっているのに，作られた書類ではソファン（Sofan）と書いてあった[22]。日本にも，受益者が「＊＊有限会社（＊＊＊Corp.）」と書いてあったにもかかわらず，提出された書類では，「＊＊有限会社（＊＊＊Co. Ltd.）」と書いてあったところ，日本語の名称は同一でも，英語名のCorp.とCo. Ltd.は一致していないので，書類上，信用状条件に合致していないとして拒絶を認めた事案がありました（東京高判平成3・8・26金融・商事判例888号16頁）。

　しかし，逆に書類上，完全に信用状条件と一致しているものについて支払拒絶することは，信用状発行銀行としては取引ルールに反している。従って，買取依頼人から見ると，「不当な対応をされたら争ってください。発行銀行の不

---

[22] Beyene v. Irving Trust Co., 762 F. 2d 4 (2d Cir. 1985).

当な対応を争わずに、こちらに対して買戻請求をしてくるというのは何事ですか。」ということで、信用状制度と矛盾するのではないかとして、合理性が疑われたわけです。平成2年の大阪地裁判決では、銀行関係の著名な方が鑑定人を務められました。その方が言われたのは、この一見すると奇妙な慣行は、実はコストの削減になっているということです。書類をきちんと照合する作業は、第一に大変な労力を要し、第二に、それを行うと、実は正常な取引の9割近くは書類のどこかに不一致がある、ということでした。

多くの船積書類は、詐欺や不正のない正常な取引であっても、どこかに不一致があるらしいのです。そのような実態なので、それを全部チェックして修正を求めていたら、とても荷為替信用状取引は円滑に進まない。その鑑定人の方は、「書類点検がいかにたいへんな仕事であって、しかも成功度の低いものであるかは、書類点検を実際に体験した者でなければ理解できないであろう。」と書いています[23]。日本の買取銀行はそうではなく、簡単に照合して、「大丈夫ですね。」と言って書類を送付します。その結果、円滑に支払がなされます。円滑に支払がなされる代わりに、後でトラブルがあったら買戻という形でリスクの負担を買取依頼人に求めるわけです。つまりそれは、買取依頼人、信用状の受益者（売主）が便益を受けているということであり、信用状の受益者の便益のためにコストを節減しているのであって、そのコストの節減を可能にするための買戻請求であるから、荷為替信用状の買戻しという慣行には、合理性があるのだということでした。

これも、取引費用の問題と考えられます。コストさえかけてよければ、厳格一致の原則を貫けばいいわけです。船積書類の記入や一致・不一致の確認をコンピューターやＡＩ（人工知能）に委ねれば、間違いも少なくなり、書類検査のコストも問題にならなくなるかもしれません。ですから、単純にコストの話で、全体としてのコストを削減していて、正常な取引の9割では船積書類にミ

---

[23] 飯田勝人「信用状発行銀行に対する買取銀行の補償請求の不確実性と買取りに関する約定の意義（上・下）」金融法務事情1277号15頁、1278号28頁〔1991年〕。

スがあるということは、その9割は救われているわけです。僅かなトラブルの事案で、当事者間でトラブルになったり、実は詐欺が介在していたりするものについて、買戻請求という形で事後処理を行い、当事者にリスクを負わせているのです。もっと言えば、詐欺とか事故が起こるような取引をしたことについては、実は売主（受益者）の側にも何か問題があるとも言えます。取引時に受益者が注意を払えば、社会全体としては不正取引によるコストを抑えられます。このように考えれば合理的だと言えるわけでして、その合理性とは、取引費用の問題であるということになろうかと思います。

これらが、取引費用という形で形成された商慣行あるいは商慣習の類型です。

4 経路依存性――不合理の合理性

(1) 自損自弁の原則（Knock for Knock）

三つ目の類型が、経路依存性により認められる合理性、過去の経緯で一定の状態になってしまっており、そのことを前提とすれば合理性があるというものです。その一例ではないかと私が考えているものに、ある種の業界に見られる「自損自弁」の慣行があります。たとえば、石油開発（油田開発）プロジェクトなどでは、多数の関係者が契約にもとづいて関与しますが、相互に損害賠償請求をせず、それぞれの責任領域で生じた損害はそれぞれが自己負担をするという合意が交わされるようです[24]。そして、それは合理的な慣行であると認識されています。油田開発では、掘削段階ではリグ（油井を掘るためのドリル）を持ち込んで掘削を行い、油層に到達したらパイプを挿入して原油を噴出させます。生産段階になると、生産施設を建設して、採取した原油から不純物などを除去する工程が実施できるようにします。海底油田の場合はプラットフォームを構築して、海底から採取した原油をプラットフォーム上の設備で処理し、タンカーに積み出して出荷するわけです。こういう作業を並行して実施しますから、狭い空間に、元請、下請、孫請等を含めて、多数の関係者が作業を進行さ

---

[24] 石油開発契約全般について、小塚荘一郎＝梅村悠「洋上資源開発における海洋環境の保全」新世代法政策学研究18号1頁〔2012年〕参照。

せます。そのような環境では、他の請負業者の状況を把握することは極めて困難であり、したがって自分がどのような責任リスクにさらされているかということを認識することは不可能である。だから損害賠償請求を排除することに合理性があるのだと主張されています[25]。

同じような大規模リスクを伴う宇宙活動でも、衛星打上げ契約にこの自損自弁の原則が取り入れられており、ロケットによる衛星の打上げに失敗しても、破壊された衛星の所有者から打上げ実施者に対する損害賠償請求は放棄することになっています。また、打上げ実施者から、失敗の原因をつくった下請事業者に対する損害賠償請求も、同じように放棄します（宇宙活動法［人工衛星の打上げ及び人工衛星の管理に関する法律］38条参照）。衛星の所有者は、打上げ保険をかけてリスクに備えています[26]。

自損自弁の原則は、当事者間における損害賠償請求権の相互放棄ですから、そこに全くの第三者、例えば、油田開発であれば開発に失敗して海洋汚染が起きたときの漁業者であるとか、ロケットの打ち上げであれば地上で被害を受けた被害者などが、不法行為を根拠として損害賠償を請求してくることは排除できません。第三者は合意では縛れませんので、当然です。その場合に、第三者がどの主体に対して請求を提起するかわかりませんが、どの主体に来た場合でも、最終的にはその危険領域を支配していた人に負担してもらうという当事者間の取り決めが、損害担保合意（hold harmless agreement）です。当社が原因で損害賠償請求が起きた場合には、その分については当社が負担をしますということを内部で取り決めて、求償に応じる義務の合意をしているわけです。

このような慣行があることは事実ですが、その理由としてリスクを認識することは不可能だと説明されている点は本当であろうかというと、私は少し疑問

---

[25] 近藤洋「石油開発事業におけるリスクと保険（その3）」石油開発時報171号27頁〔2011年〕。
[26] これは、衛星の所有者が被保険者として自己の財産である衛星を付保する物保険（First party保険）であり、打上げ実施者が第三者に対する損害賠償責任リスクを付保する責任保険（Third party liability保険）とは別のものである（川本英之「宇宙保険の概要」LAW AND PRACTICE（早稲田大学大学院法務研究科）9号263頁〔2015年〕参照）。

を持っています。むしろ，リスクを認識することが不可能であればあるほど，事故があったときには原因者に請求をしたくなるのではないでしょうか。リスクが認識できるのであれば防衛策はとれますけれども，リスクを認識することが不可能なのであれば，むしろ，それは自損自弁ではなくて，相手方に対して請求をしていった方がよいのではないのかと考えると，これは，関係者の方が言われるほど合理的な慣行ではないような気がするのです。単に，この世界では昔からそうしてきたという以上の意味はないのではないかということです。

　ただ，自損自弁の慣行は，こうした大規模リスクの事業に対してマイナスの影響は与えていないとは言えるかもしれません。不法行為という制度は，被害者の損害を塡補するというだけではなくて，行為者の行動をコントロールし，適正な水準に抑止するという意味もあります[27]。責任を負わされる行為者に適正注意を払わせるという効果があるからです。ただ，そのように適正な水準の注意を尽くしたか否かについて，裁判所が認定すること（被害者が立証すること）は，宇宙とか石油開発のようにきわめて専門的な技術が関係する分野では非常に難しいのです。専門的な技術について最もよく分かっている者は，その行為を行っている作業者自身です。しかも，他の当事者に損害を発生させるときには，大体の場合，作業者自身にも損害が発生するのです。他者にだけ損害が発生するということはほとんどありません。たとえば，ロケットの打上げの場合，失敗するとロケットも衛星も両方破壊されますから，そういう意味では自社にも損害が必ず発生します。このあたりが日常の不法行為と違います。そうすると，自社の損害を防ぎたいというインセンティヴで，自分の行動の注意水準を維持するという動機は失われないわけです。

　そうだとすれば，不法行為による損害賠償請求がなされなくても適正な注意は恐らく尽くされるであろうという限度で，不合理な結果にはなっていません。不合理な結果にはなっていないのですけれども，これが唯一の合理的な解かと

---

[27] 森田果＝小塚荘一郎「不法行為の目的——『損害塡補』は主要な制度目的か」ＮＢＬ874号10頁〔2008年〕。

いうと、私はそうではないような気がするのです。

(2) **英法準拠約款**

もう一つ、経路依存性の例を挙げます。それは保険の英法準拠約款です。損害保険の中でも、火災保険や自動車保険という、家庭向け、消費者向けの保険ではなく、企業間の保険では、一切の塡補請求に対する責任及びその塡補については、イングランド（英国）の法律及び慣習に従うという条項が約款の中に入っていることが一般的です。これが、準拠法は日本法だという条文は別にあるので、準拠法を損害の塡補請求及び塡補についてのみ分割指定したということなのか、それとも日本法を準拠法とした上での実質法的指定なのかというところは、学者の先生方はよく議論していて、数は少ないのですが、判例は一応分かれていると言われています[28]。

この条項は、日本の保険実務家にとっては非常に重要なもののようです。今般、運送法関係の商法改正法案が国会に提出されましたが、その起草過程で、海商法の中の海上保険関係の改正について実務の要望事項を取りまとめたいという趣旨で、海上保険法制研究会が（公財）損害保険総合研究所に組織されました。そのときに実務の方が、この有効性の明文化を、改正要望として強く主張されたのです[29]。英法準拠約款については、位置付けも不明であるし、有効性についてもはっきりした判決がないので、この点を明確にしてほしいということなのですが、商法改正として運送法の改正が議論されるときに、国際私法の問題である準拠法約款の有効性を提起しても、実現可能性はありませんよと申し上げました。それでも、要望事項には残りました。

実務の感覚は以下のようなものです。海上貨物保険などは、ほとんど再保険に出されます。海上保険の再保険マーケットは、ロンドンが中心です。そこで、再保険の請求をするときには、保険者と再保険者の関係はイングランド法で規

---

[28] 櫻田嘉章＝道垣内正人編集『注釈国際私法（1）』617頁〔増田史子〕〔2011年〕。

[29] 海上保険法制研究会「わが国の海上保険法制のあり方について──標準的な海上保険実務を踏まえて──」損害保険研究75巻4号311頁, 348頁〔2014年〕。

律されます。その規律と元受保険契約の規律を合わせておきたいというわけです。再保険が回収できるときにだけ元受保険金を払います。再保険が回収できないときには元受保険金も払いません。手続も合わせておきたいということで，準拠法でも実質法でもよいので，とにかくこの部分についてはイングランド法と一致させてほしいという感覚が，実務にはあるわけです。

　再保険と元受保険の規律を一致させたら便利なことはわかりますが，一致させないとどれほど問題なのかといえば，堪えがたいほどに大きな問題ではなく，取引費用が発生するということですらないように思われるのです。そもそもイングランド法の規律がどのような論点について問題となるかといえば，たとえば約款の解釈などがあるのでしょうか。しかし，それは日本法の下で，約款の実体規定を詳細に書けばすむと思います。ですから，イングランド法に準拠しなくとも，それほど大きな問題になるとは考えられません。英法準拠条項は戦前から使っているようで，戦前に日本の保険会社が世界のマーケットに入っていったときに，よく訳もわからず，「こういうときはイングランド法によるのだ。」と言われて，「そうなのか。」と納得して国に帰ってきた。そして，「イングランド法ではこうなるのだ。」と国内で説明していたという過去の経緯論なのではないでしょうか。

　ただ，今になってこれを変えようとすると，約款の実体規定をどのように書くべきか，再保険と元受保険の規律が一致しないときにはどの程度のリスクを見込む必要があるか，など問題が百出して社内的に大変になるでしょう。ですから，今から変えるのは大変だということは理解できます。その意味で，現時点では英法準拠約款に合理性がないわけではないと思いますが，それは過去の経緯論，経路依存性の問題に過ぎないのではないかというのが，私の見立てです。

Ⅲ　法体系の中の商取引
1　裁判例における慣習・慣行
　ここまで，商取引の側から，といっても私がこれまで研究の過程で出会った

取引を中心に，取引慣行をアトランダムに取り上げて，その合理性を検討してきました。そこで，今度は裁判例を調べて，裁判所が慣習（法）を認定し，適用した事例を見ていきたいと思います。といっても，慣習に言及した裁判例を網羅的に調べたわけではなく，判例データベースから目につくものを拾ってみました。

(1) 商慣習法が認定された裁判例

まず，商法1条2項にもとづいて「商慣習（法）」を適用したものは，数がごくわずかしかありません。すでにご紹介した再保険と保険代位の話のほかは，白地手形，白地小切手について，これは手形法上の有価証券ではないが商慣習法上の有価証券である（大判大正15・12・16民集5巻841頁，大判昭和5・3・4民集9巻233頁）とか，あるいは，株券がまだ裏書で流通していた頃の白紙委任状付株券の善意取得について商慣習法を肯定したもの（大判昭和19・2・29民集23巻90頁など）など，きわめて僅かです。

(2) 慣習による契約解釈

これに対して，契約書の「できが悪い」といいますか，文言が曖昧であるときに，一方当事者が商慣習として主張する解釈を認めた裁判例は，かなりの数に上ります。たとえば，偽造小切手に支払った銀行の免責（東京高判昭和44・11・28判例時報577号93頁など）は，当座勘定規定の16条に関する問題です。この規定の文言は，現在まで修正されていませんが，「免責」と書いていないのです。「この損害についてはお客様の負担とします」といった書き方しかおらず，免責という文言はありません。そのため，これが支払免責の意味なのかという点は，卒然と規定を読んだだけでは分かりにくいのです。しかし裁判所は，この規定に定められたような場合には銀行が免責されるという慣習があると述べてこの約定を解釈し，したがってこの約定は支払銀行を免責する趣旨であると結論づけるわけです。

割引手形の買戻しについては，すでに触れましたが，買戻請求権を銀行取引約定書に書いていなかった時代がありました。しかし，その他の条項と対比すれば，相殺によって優先権を確保するという規定の趣旨は明らかであるとして，

そうした文脈の中で，明示的に書かれていない割引手形の買戻し請求権についても慣習として存在すると判断されました（最判昭和40・11・2民集19巻8号1927頁）。これは，後に銀行取引約定書が改訂されたわけです。

　自動車事故の事案で，運行供用者が自賠責保険と任意の自動車保険の両方を契約している場合に，自賠責の限度額を超えた部分にだけ任意保険を払えばいいのか，それとも自賠責で現実に払われた金額を払えばいいのか（現実に支払われる金額は，限度額よりも低い場合がある）が問題になった事案も，同じような性質のものであると言えます。現実に払われた金額を超える損害賠償請求が裁判所で認容されれば，これに対して任意保険から保険金が支払われるのかという点について，「現実に払われた金額を基準とする慣習がある。」と述べた裁判例があります（名古屋地判昭和48・11・2判例タイムズ310号245頁）。これも後に約款が改訂され，現在では解決済みの話です。これらの裁判例は，いずれも，慣習と言っていますけれども，実際には契約の解釈について，ある一つの解釈を支持するという判断をしているものであり，その理由付けとして慣習を持ち出しているのです。こういう裁判例は，かなり多く見られます。

　ついでに申しますと，慣習の認定が，実は傍論に過ぎないのではないかと思われるものも，古い判決には結構あります。例えばビルの空室の賃貸借契約の賃料を，坪幾らで計算するときに，共用部分を坪に入れるか入れないかということで，共用部分を入れる慣習があると述べている裁判例があります（大阪地判昭和47・8・4判例タイムズ286号343頁）。しかし，結論部分を読みますと，本件の賃貸借は，坪ではなくてフロア単位で借りているということで，坪数計算ではないので，全くの傍論です。裁判所が何のために慣習を認定したのかよくわかりません。

　また，百貨店の事案で（東京地判昭和31・6・11下民集7巻6号1518頁），昭和20年代に発生した紛争の事案があります。いわゆるテナントではなくて委託販売形式で，業者が持ち込んだ商品を百貨店が売主として売っていた場合に，持ち込んだ業者は単なる販売員にすぎないという位置付けになっているものを売仕切契約と言うようですが，裁判所は，売仕切契約はテナント契約と違って

書面ではなく口頭で成立する慣習ありと述べています。しかし本件は，実際には口頭による承認がなかったという事実認定です。まして書面契約はないという事案なので，単に契約成立を否定しただけなのです。慣習の有無は関係がなさそうです。

このように，裁判例を見ますと，慣習について裁判所は，多くの場合，慣習の存否という事実を認定しているというよりは，それをふまえた意思表示（契約）の解釈を行っているのではないかと思われます。

2 商取引と司法審査

(1) 通則法3条・商法1条・民法92条

そこで，商取引の合理性と裁判所の役割について，改めて実定法の体系の側から整理してみたいと思います。申し上げるまでもないことですが，関係する条文の第一は，法の適用に関する通則法の3条で，「公の秩序又は善良の風俗に反しない慣習は，法令の規定により認められたもの又は法令に規定されていない事項に関するものに限り，法律と同一の効力を有する」とされています。次に，商事に関する慣習，いわゆる商慣習については，商法1条2項が，「商事に関し，この法律に定めがない事項については商慣習に従い，商慣習がないときは，民法（……）の定めるところによる」として，民法に対する商慣習の優先を定めています。なお，通則法は平成18年に制定され，商法1条は，会社法制定に伴う平成17年改正で文言が修正されており，いずれも，それ以前には「（商）慣習法」とされていたところが，「（商）慣習」と改められました。しかし，立案の経緯に照らして，これは実質的なルールの変更を意図した改正ではないと一般的には理解されております[30]。

この2か条は，いずれも法の適用関係の規定ですから，慣習，商慣習は法源です。法源であるということは，その合理性は問題とはなりません。通則法では「公の秩序又は善良の風俗に反しない慣習」として公序良俗による限定がかかっていますが，いずれにしても，基本的には内容の合理性は問題とならず，

---

[30] 櫻田＝道垣内編集・前掲書〔註28〕・88頁〔石川博康〕。

裁判所は，事実の問題，事実認定として慣習，商慣習の有無を判断すれば足ります。そして，外国法の認定は事実だという国際私法の通説によれば，慣習，商慣習の認定も事実だということになるはずです。ただ，先ほどから申し上げておりますとおり，事実問題として慣習，商慣習を認定して，それを規範として適用した裁判例はきわめて僅かです。

以上とは別に，民法92条で，「法令中の公の秩序に関しない規定と異なる慣習がある場合において，法律行為の当事者がその慣習による意思を有しているものと認められるときは，その慣習に従う」と定めており，この規定には，平成29年の民法改正でも変更がありません。よく知られているように，この規定は慣習が強行法規にのみ劣後し，言いかえれば，任意法規には優先することを明確にしておりますので，実定法の規定がない場合に限って慣習法の適用を認める通則法3条や商法1条2項と矛盾しているのではないかという疑問が提示されてきました。そして，通説は，通則法や商法が「（商）慣習法」という用語を用いていたことに対して民法92条では「慣習」と書かれている点をも根拠として，ここにいう「慣習」は，慣習法よりも規範性が低い「事実たる慣習」であるとして区別し，その解釈が，平成17～18年に通則法及び商法の文言が改正された後も，維持されております。しかし，これに対しては，規範性が低いはずの「事実たる慣習」の方が任意法規よりも上位にあって，慣習（法），商慣習（法）が任意法規のない場合にのみ適用されるというのは矛盾ではないかという問題が指摘され，古くから議論されています。

最近は，ここに特段の矛盾はないという見解も有力に主張されています[31]。この考え方によりますと，規範性の高い慣習（法）は，効力が強い。そうであればこそ，その認定あるいは適用については謙抑的であるべきであり，任意規定のない場合にしか適用しないし，また存在自体も限られた場合にしか認定されない。他方で，民法92条は法律行為に関する規定ですから，法律行為の解釈

---

[31] 石川博康「［民法から］民法・商法における慣習」潮見佳男＝片木晴彦編『民・商法の溝をよむ』9頁〔2013年〕，得津晶「［商法から］民法・商法における慣習」同書17頁。

に際して,その手がかりとして事実たる慣習を使うという趣旨です。この事実たる慣習は,実は,事実か法規範かという話ではなく,慣習による意思を当事者が有しているので,意思解釈,契約解釈の中で慣習を広く認定し,参照することが正当化される,という考え方が最近は有力になっているようです。

先ほど見ましたように,これは,裁判例の実態に合致しています。そして,理論的にもこれはきれいな解釈であると思うのです。通則法3条,商法1条2項の「(商)慣習」については,基本的にその存在が認定されただけで適用しなければならなくなりますから,確かに効力は強いと言えます。ですから抑制的に適用するのもわかります。これに対して,「事実たる慣習」は契約解釈の問題だとしますと,その内容について合理性を問う余地がありそうです。契約解釈のときには,裁判所は,当事者自治を尊重しつつもその合理性を審査しており,不合理な契約条項については制限的に解釈をするとか,あるいは当事者の真意は文言と乖離しているとか,そういう判断がなされるわけです。従って,「事実たる慣習」については,その限度で緩やかな合理性の審査に服するということになります。

(2) エンド・ゲーム規範と慣習

興味深いことに,このような解釈は,米国で法と経済学の学説が提起した議論とは,反対の状況になっているように見えるのです[32]。本日の冒頭で,関係が継続される前提で合理性を有する規範と,関係が終了する段階(エンド・ゲーム)での規範は同じではないということをお話ししました。米国で,この点を問題提起した学説は,ダイヤモンドの取引や[33],小麦粉の取引に関して[34],実証研究を行った結果,制定法ないし実定法の世界とは違ったルールが同業者の

---

[32] この問題は,講演当日の質疑によって提起された論点である。

[33] Lisa Bernstein, Opting Out of the Legal System: Extralegal contractual relations in the diamond industry, Journal of Legal Studies, vol.21, no.2, pp.115-157 (1992).

[34] Lisa Bernstein, Merchant Law in a Merchant Court: Rethinking the Code's Search for Immanent Business Norms, University of Pennsylvania Law Review, vol.144, pp.1765-1821 (1996). 落合誠一「商人間取引の特色と解釈」法学教室292号65頁[2005]参照。

間で確立され，そのコミュニティの中に紛争解決（仲裁）の仕組みまでが備えられているため，全く国家法の世界に入ってこないという部分社会があるのだということを報告しています。しかし，取引関係が継続している場合のルールと，紛争が現実に発生して仲裁に付託された場合の解決ルールは同じではなく，取引の継続中は，契約書の文言から離れた実務が支配的であるような場合であっても，関係が終了して紛争になった場合には，契約が文言どおりに適用されているというのです。その理由は，取引関係が継続している間のルールを適用するためには，当事者間では観察（認識）できるが裁判所や仲裁人等の第三者に対して証明することは難しい事実(observable, but not verifiable facts)が必要となることがある。たとえば，一方当事者が十分に努力したか否かということがルールの適用上，効果に相違をもたらす要件になっている場合，「十分に」努力したかどうかは，業界内の当事者には一種の相場観があるかもしれませんが，どのようにしたら裁判所や仲裁人の前で証明できるのか，というわけです[35]。

つまり，米国の（あるいは法と経済学の）議論は，取引慣行と契約の文言が対立し，エンド・ゲームの場面では，ルールの適用（あてはめ）の困難性を理由に，契約の文言を優先すべきだという主張なのです。ところが，日本の裁判例では，契約の文言について，その合理性に疑問が提示され，なぜそのような文言が採用されているのかを説明する中で，取引慣行が援用されています。そこでは，むしろ取引慣行が契約文言の正当性を支える役割を果たすのです。

このような議論の違いが生ずる背景は，つまるところ，大陸法に属する日本の法体系と米国のコモン・ローの違い，とりわけ典型契約が果たす役割の大きさの相違があります。日本の裁判所にとって，典型契約は，当事者が明示的に合意していない論点についての規範を補充する「デフォルト・ルール」の集合

---

[35] 曽野裕夫「商人による私的秩序形成と国家法の役割」絹巻康史＝齋藤彰編著『国際契約ルールの誕生』41頁〔2006年〕，藤田友敬「規範の私的形成と国家によるエンフォースメント：商慣習・取引慣行を素材として」ソフトロー研究6号1頁〔2006年〕参照。

体にはとどまらず[36]，契約当事者の利益の均衡点を示すという規範的な意味を持っていると考えられます[37]。従って，実務が典型契約を逸脱して作成する契約書に対しては，そこにどのような合理性があるのかという問題が提起され，それに対して，契約を作成した側が，合理性を一応説明する必要に迫られます（厳密な意味での証明責任等を議論しているわけではありません）。いわば典型契約が「参照枠」(frame of reference)となり，それに対して，取引慣行は契約の合理性を支える根拠として機能するわけです。米国では，任意規定にそのような「参照枠」として機能はないので，この論点はそもそも存在し得ないのです。

　実は，本日お話しした内容は，こうした背景の下に置いてご理解いただけると有難いのです。日本の法体系の下では，慣習が契約解釈の手段として使われていると申しました。問題が契約の解釈であるとすれば，争われている契約条項が合理的であるか，あるいは何らかの意味で制限的解釈をしなければいけないか，さらに今後の問題になってきますが，改正民法が施行されれば，ＢｔｏＢの事業者間契約ですら，定型約款に該当すると，いわゆる不意打ち条項に当たる条項は契約に取り込まれないという規制が適用されます（改正民法548条の２第２項）。このときの基準は，当該定型取引の態様及びその実情並びに取引上の社会通念に照らして信義則に反するかどうかということで，ここにいう「信義則に反する」をどのように解釈・適用するかは，消費者契約法10条でよく知られている大変に難しい問題です。そこで，この定型取引の態様，実情，取引上の社会通念という中に，今日申し上げてきたような取引の合理性というものが読み込まれていくことを私は期待します。そして，そのためには，商取引の合理性といっても，いくつかの性質を異にする類型があるということをふまえ，すなわち，取引当事者の行動を規律する必要があるという意味の合理性もあれば，そうではない取引費用の節減としての合理性もあれば，抽象的に見れ

---

[36] 曽野裕夫「商慣習法と任意法規」ジュリスト1155号85頁〔1999年〕参照。
[37] 大村敦志『典型契約と性質決定』348頁以下〔1997年〕。

ば合理性がないのかもしれないけれども，過去の経緯から今さら変えられないといった弱い意味での合理性もあるかもしれないということをお考えいただいて，それらの類型を区別しながら，判断をしていただきたいと思っている次第です。

3 裁判所による商慣行の認定
(1) 商慣行と業界の実情

ところで，裁判実務の中では，合理性の審査以前に，そもそも主張されるような商慣行の存否という事実認定について，いろいろなご苦労があるのではないかと思います[38]。独占ないし寡占が成立している市場でないかぎり，一つの業界の中にも，さまざまな立場の事業者が存在します。業界のリーダー企業，業界団体などのまとめ役のような企業もあれば，少し違ったアプローチをとる企業もあるでしょう。外資系企業（の日本法人や合弁会社）と，日本で設立され，大きくなった企業とでは，考え方が違うということもあります。大きな市場シェアを持つ会社が慣行だと考えているルールも，中堅以下の企業には共有されていないといったケースもないわけではありません。

そして，厄介なことに，文献に書かれていることが業界全体を網羅的に調査した結果とは限らないのです。関係者がそのことを認めている例として，昭和30年代に，ジュリスト誌上で，座談会形式による銀行取引の共同研究が連載されていたことがありますが，そこに登場する実務家A，B，Cという3名は，実は同一の銀行（当時の三菱銀行）の方だったそうです[39]。ですから，当時，ほかの銀行でも同じ内容の実務が行われていたのかどうかは，あの連載を読んだだけではわかりません。

その意味では，少なくとも一人の専門家が言っているというだけでは，その専門家自身が，実は偏りを持っている可能性はあるのだろうと思います。この問題をどのように解決したらよいか，私も特効薬のような提案を持っているわ

---

38 この問題は，講演当日の質疑によって提起された論点である。
39 鈴木竹雄『幾山河——商法学者の思い出』139頁〔1993年〕。

けではありませんが，一つのアイディアとして，商学あるいはマーケティング，流通論の知見に目を向けていただいてはどうかと思います[40]。法律家が「実務」について調査する際には，それは法律論の前提であって研究の本体ではないので，限られた方から情報をいただくことにならざるを得ません。それに対して，商学分野では，業界の歴史や市場の実情などを研究すること自体が研究の対象であり，また，アプローチとしても，実務家からの聞き取りやフィールドワークなどが広く用いられています。また，歴史研究が盛んであることも一つの特徴で，社史を読んで書かれた論文なども少なくありません。そうすると，現在の業界の方が当然だと思っていることなども，いつ，どのようにして発達してきたのか，記録に則して御存じであったりして，参考になる点は多いように思います。

　以上に申し上げたことと関連して，必ずしも合理的ではないルールに従うという意思を多くの関係者が持っている場合に，どのように評価したらよいかという問題があります[41]。

　この場合，ずっとそのルールに反対していて，あるいは積極的に反対と言わなくても，そのルールを共有していないという意思を持ち続けている人に対して，その慣行を，意思解釈として読み込むことは難しいと思います。それを規範として強制するということも，理屈としてはおかしいような気がしますから，通則法3条や商法1条2項の「慣習法」として評価するべきではないということになるかもしれません。

　ただ，恐らく裁判の現場では，そのような「一貫した反対者」のケースよりも，当事者は，それが慣行として確立しているかということについて，今まで考えたことがなかったということが多いのではないかと想像します。考えたことがないので，言われるとそんな慣行は知らないと主張するけれども，実は，

---

[40] たとえば，廣田誠ほか『日本商業史』〔2017年〕。各論的な文献も豊富にあり，たとえば，フランチャイズ・システムについて研究した際には，石原武政＝矢作敏行編『日本の流通100年』〔2004年〕，伊藤元重編『日本の産業システム　6　新流通産業』などが有益であった。

[41] この問題は，講演当日の質疑によって提起された論点である。

その慣行に対して積極的に反対だと思っているほど強い立場でもないのです。
　このような場合に,その当事者は慣行を否定してきたと評価してよいものかどうか。法律家ではないビジネスパーソンの立場で言えば,紛争にならない限りは紛争の場合のルールを意識しないということは,きわめて普通ですし,紛争にならない限り意識しないルールは全てその人の知らないルールだと言ったら,ほとんどの規範は多分適用できない規範になってしまいます。すると,この場合に慣行の存在を否定することは,恐らく正しくないでしょう。そのときに,やはり合理性が問題になるのだと思うのです。内容の合理性があまり大きいとは言えない場合であったとしても,経路依存性も,一種の合理性ではあるわけです。その場合も,ここまで大勢が動いてきてしまっている以上は,今から違う取引方法をとると非常に大きなコストがかかるという意味での合理性はあるわけなので,そうだすると,その業界では一般的にその慣行に従っているということになります。その例外の実務は,否定する証拠もないかもしれないが,異なる取引方法を前提とした特段の実務も今のところ見当たらないということになると,一応は,業界の大勢が従っている慣行を,意思表示の内容として読み込んでも構わないのではないでしょうか。かなり観念的な意味の意思表示を認定することになりますが,そのような取扱いも許されるのではないかと思います。そうではなくて,自社はそうした慣行に積極的に反対してきた,あるいは,あえて距離を置いてきたのだということであれば,その当事者が主張立証すべきことではないかと思います。

(2) 裁判所の事実認定能力

　こうした問題と少し性質が違いますが,非常に重要な問題が,先ほども御紹介した米国の学説によって提起されています。それは,裁判所の事実認定能力に限界はないのかということです。
　日本を含む大陸法国の裁判所では,事実認定について,鑑定人等を利用すれば,裁判所が常に正確な事実認定を行うことができるというタテマエがあるようです。あるいは,そのタテマエが裁判官に対する行為規範となり,裁判実務の現場で,とりわけ目新しい商取引などについて,どのようにして,正確な事

実を認定できるかということに日夜悩んでおられるということなのかもしれません。そして，最終的には，証明責任の分配によって，この問題を解決することになります。

ところが，米国で，契約解釈に慣習を取り込むことを批判する学説は，裁判所（仲裁人も含む第三者としての紛争解決機関）には，どうしても認定できない事実があると主張するのです。それが，当事者間では観察（認識）できるが裁判所や仲裁人等の第三者に対して証明することは難しい事実(observable, but not verifiable facts)です。これは，ルール（慣行）の認定ではなく，そのルール（慣行）を適用する際に，日本的に言えばあてはめに際して必要となる事実の認定について裁判所の能力に限界があるという趣旨ですが，論者は，そのような事実認定上の問題がある場合には，むしろそうした事実が要件として必要になるルール（慣行）自体を適用しないようにするべきである，という議論をするわけです。日本法では，事実認定が難しいので規範の方を変えるべきであるという議論は，極論のように聞こえ，受け入れにくいかもしれません。しかし，無理をして実態と乖離した「事実認定」をしてしまうリスクを考えれば，実は，現実的な対応であるのかもしれません。日本法でも，偽造カード法（偽造カード等及び盗難カード等を用いて行われる不正な機械式預貯金払戻し等からの預貯金者の保護等に関する法律）における盗難カードが使用された場合の損失分配（偽造カード法5条）のように，事実認定の困難（民法478条の「無過失」の認定）を回避して，それとは別のルール（金融機関による損失補てん）を適用することとした例が，ないわけではありません。

契約の締結時に，当事者は明確な解決を書き込まず，将来の調整を予定ないしは期待していたという場合があったとすると，それは，少し似た問題であるかもしれません[42]。どこが似ているかと言うと，当事者が想定どおりに交渉などで「調整」していたとするとどのような結果になったか，推認することはできても，証明は不可能に近いからです。日本の裁判所は，そういう場合に，「当

---

[42] この問題は，講演当日の質疑によって提起された論点である。

事者の合理的な意思」などを推認して，権利義務を確定してしまう傾向にあるように思います。

　しかし，裁判所としては，まったく別の対応をすることも考えられます。契約に書いていない以上は，そこには何らの権利はないとして，書かれている文言だけで事案を解決してしまうことです。推認される当事者の期待には反しているかもしれませんが，とにかく契約の文言に効力を認めて，もしもその帰結が，業界の通念に照らしておかしいのであれば，それは当事者が，あるいは業界の中で，今後，契約規範や内容を検討して，必要があれば変えてほしいというスタンスです。そこを，ある意味で当事者に「優しく」配慮して，契約締結時に抱かれていた期待を推認したりすると，契約のドラフティングを改善しようとする意欲を実務家が持たなくなるかもしれない。つまり，優しい裁判所が，むしろ実務の法律家をスポイルするという面もありそうです。

　そこはある種の裁判所のスタンスの問題であるかもしれません。ただし，個別の裁判官によって，不合理に見えても契約を文言どおりに適用してしまって，あとは将来に向かって，実務が修正すればよいというスタンスと，個別の事案で不合理なところは裁判所が配慮し，調整するというスタンスが混在しますと，実務に対してのメッセージとしては非常に不明確になります。ですから，基本的なスタンスがどちらなのかということは，ある程度揃っていたほうが，実務家としても恐らく対応しやすいであろうと思います。

Ⅳ　規範形成手続の合理性

　ここで終わってもよかったのですが，最近，少し気になっている話がありまして，その話を付け加えたいと思います。それは，商取引の実務に関して，内容の合理性とは別に，手続の合理性という問題があるのか。さらに申し上げると，それは，内容の合理性プラス手続の合理性が要求されるのか，手続の合理性があることで内容の合理性を一定程度緩和する，置き換えることが可能なのかという問題です。

1 実例に見る手続の合理性
(1) スポーツ仲裁条項の強制

この問題に興味を持ちましたのは,スポーツ仲裁の関係で,海外の判決ですが,おもしろいものを紹介されたからです。

スポーツ仲裁というものについてまず簡単に申し上げておきますが,スポーツをめぐっては,紛争が非常に多いのです。どういう紛争が多いかといいますと,典型的な事例は代表選考と不利益処分です。そういう紛争に際して,ほとんどのスポーツは団体に組織されていますので,その組織の中で泣き寝入りになったり,あるいは力関係で処理されたりということが起こるわけです。それではいけないので,客観的な第三者が判断をする仕組みとして,スポーツ仲裁という制度が作られました。世界的にはスポーツ仲裁裁判所(CAS)がスイスのローザンヌにありまして,オリンピック関係の紛争はこちらで受理しています。世界のスポーツ団体の多くは,スポーツ仲裁裁判所の仲裁によって紛争を解決するという仲裁付託条項を競技団体の規則の中に取り込んでいます。日本にも,日本スポーツ仲裁機構という組織がありますが,これはスポーツ仲裁裁判所とは全く別の独立した機構です。その結果,日本の競技団体は,紛争が発生したらスポーツ仲裁機構に付託するという自動応諾条項を持っているものが多いわけです[43]。

さて,不利益処分としてしばしば世間を賑わせる問題に,アンチ・ドーピングがあります。アンチ・ドーピング規則はきわめて形式的,手続的に定められていて,例えば,これとこれの物質が検出されたら原則として違反というルールになっています。実際に,筋肉増強剤などの禁止された薬物を服用したかどうかは,それこそ証明困難な事実だということもあり,無関係とされています[44]。

---

[43] スポーツ仲裁については,道垣内正人=早川吉尚編著『スポーツ法への招待』〔2011年〕などを参照。

[44] 大橋卓生「アンチ・ドーピング」エンターテインメント・ロイヤーズ・ネットワーク編『スポーツ法務の最前線』96頁〔2015年〕。

私が興味を持ちました事件は，ドイツのペヒシュタインというスケート選手をめぐるものです。彼女はドーピング反応が出たということで出場停止処分になり，バンクーバーオリンピックに出場できなかったのですが，自分のアレルギーか何かの体質のために反応が出てしまっただけで，ドーピングをした覚えはないと主張しています。そこで，スイスの仲裁裁判所に救済を求めたのですが，請求が棄却されました。すると，そもそも仲裁合意の有効性を争うという訴訟をドイツの国内裁判所に提訴したのです。非常に有名な選手なので広告契約があり，その広告契約を失ったという逸失利益が相当に大きな金額であったという事件です。

　これに関するミュンヘン控訴裁判所の判決は，ドイツの競争制限禁止法（日本の独占禁止法に相当する法律）を適用して，この仲裁合意を無効としたのです。どうして競争制限法の違反になるかといいますと，競技団体は，一つの種目で国ごとに一つ，しかも国ごとの団体は国際団体に繋がっていて，国際的にも団体が一つです。その団体に所属していないとオリンピックであれ，ワールドカップであれ，何にも出場できないし，スポンサーも付かないし，広告契約も成立しない。ですから，必ずここに所属しなければいけないのですが，所属すると，所属契約の中に仲裁手続の自動応諾条項があり，それが仲裁合意だと言われるのです。つまり，仲裁の受容を強制されるわけです。

　それだけであればまだしも，その仲裁というのは，実は競技団体側から多くの仲裁人が出ています。ミュンヘン控訴裁判所の判決によると，本件の場合，20人中，国際スケート連盟から12人，中立委員もいるでしょうから，おそらく選手側の代表は数人です。そのように仲裁人リストが偏っているにもかかわらず，そのように偏ったリストの仲裁人による仲裁を一方的に規約の中で強制することは，独占的な団体が行うと，市場支配的地位の濫用に当たるとされたわけです[45]。市場支配的地位の濫用禁止という規定は，日本の優越的地位の濫用

---

[45] 小川和茂＝杉山翔一「ペヒシュタイン中間判決がスポーツ仲裁の実務にもたらす影響」仲裁・ＡＤＲフォーラム５号〔2016年〕。

と同じではありませんが，イメージ的には似たようなものと思っていただいて結構です。

　この判決は上告され，ドイツの連邦通常裁判所（一般民事事件の最上級審裁判所）で覆ったのですが，上告審でも競争制限禁止法の適用があるというところは否定しなかったのです。この点は否定せず，ただスポーツ仲裁の中立性が疑わしいという部分を否定して，当該事案の行為（仲裁条項の強制）は「濫用」ではないという判断をしたわけでして，仲裁合意を強制することの問題性が，この判決によって明らかにされたと言ってよいと思います。

　この事例を見ますと，控訴裁判所が仲裁人の中立性に疑問を呈し，上告審でそれが覆されたということですから，ルールの内容の合理性自体も問題とされています。しかし同時に，それが一方的に，かつ所属する団体について選択の余地がない形で強制されているという手続上の合理性，この両者が総合されて結論が導かれているように見えるわけです。

(2) インターネットのドメイン名管理

　この話を聞いて私が思い出しましたのは，インターネットのルールです。インターネットのルールというものは，基本的に国の支配を受けないということなのですが，そうは言っても少しずつ国の監督が及ぶようになってきています。その一つとして，ドメイン名のレジストラーについて国の規制を緩やかに及ぼすという電気通信事業法の改正が平成25年に成立しました。

　ドメイン名というのは，インターネットに接続されたウェブサイトやメールのサーバーに，ＩＰアドレスと呼ばれる固有の番号を割り当て，それを文字列で置き換えたものです。このとき，特定の文字列，たとえば「courts.go.jp」がどのサーバー（のＩＰアドレス）を意味するのかという情報を，インターネット上のどこかのサーバーに格納しておかなければなりません。この情報を格納したコンピューターが，ドメイン名のレジストリーです。日本で管理されているドメイン名のうち「.jp」については，(株)日本レジストリサービスがレジストリーを運営しています。そこのサーバーには，たとえば「courts.go(.jp)」は，日本の裁判所のドメイン名であり，裁判所が運営するサーバー上に，ウェ

ブページやメールのデータがあるという情報が規約されているわけです。

　最近になって、このドメイン名を格納したサーバー（レジストリー）を管理している事業者（レジストラー）について、何らかの法的な枠組が必要ではないかという問題が提起されました。その結果、電気通信事業法に「特定ドメイン名電気通信役務」に関する規定が新設されまして、「特定ドメイン名電気通信役務」を提供する電気通信事業者、これがインターネットのレジストリーを管理しているレジストラーになりますが、レジストラーにいくつかの規制が課されました。その内容としては、第一に正当な理由なくして提供を拒絶してはいけないという一種の締約強制があり、第二に総務大臣が公共の利益を確保するために必要な限度で業務改善命令を出すことができるという規定があり、第三に収支の状況を公表する義務があります（電気通信事業法39条の3）。この収支状況の公表義務は、財務が健全でないレジストラーを排除して利用者の保護を図ったと同時に、手数料が高止まりしないように牽制する意味も持っています。

　ここで興味深い点は、平成25年改正により導入された規制は、あくまでも最小限度にとどめられたという点です。そして、この法改正を行うに当たっての審議会の報告書[46]は、この点を明文で記述しています。信頼性に関する規律というのは、インターネットが民間主導で運営発展してきたという観点から、レジストラー自身が作ることが望ましい。政府から規制をするのではなく、自発的に規範を作ることが期待されているということです。自発的に作るのですけれども、自発的に作らせると、レジストラーが自己に有利な内容のものを作る可能性があります。そこで、それについては、利害関係者がさまざまな諸問題に対する意見交換や意見集約を行うためのオープンな場を設定することが重要であるとされています。

　これは、マルチステークホルダーシステムと言われる仕組みで、ユーザー団

---

[46] 情報通信審議会「ドメイン名に関する情報通信政策の在り方について」（平成26年12月18日）。

体，メーカー代表，電気通信事業者代表，プロバイダー代表，そういうさまざまな利害関係者人が参加して，提出された意見を集約し，それに基づいてインターネットの自治的なルールを作るということです。これは手続の合理性です。マルチステークホルダーシステム，あるいはインターネット版の民主主義といってもよいでしょう。この手続の合理性を担保として，政府は内容についての立ち入った規制をしないことにしているわけです。

そうすると，ここでは手続と内容の合理性が重畳的に要求されるのではなく，代替的になっていて，手続の合理性があれば，内容については規制をしない，あるいは控えるというスタンスが示されています。このような考え方が現に立法とか立法過程における審議会報告書に出てきているという点に，御留意いただきたいのです。ここでは，内容ではなく手続の合理性が問題とされており，しかも，手続と内容の合理性の関係について，先ほどのスポーツ仲裁とは少し違ったアプローチがとられているからです。

どちらが裁判所のあるべきスタンスであるのかということについては，まだ，私も定見を持っておりません。あるいは手続の合理性の強度とか，インターネットが国家からの自律性を強く強調して発展してきたという経緯の影響などによって生じた違いなのかもしれません。

2　手続の合理性が問われる理由

少し気になる点として，手続の合理性が，インターネットであるとかスポーツ仲裁といった先端的な分野で問題となっていることがあります。これは，偶然ではないように思われます。先端的な分野になればなるほど，関係者の利害が，法律や契約に定められた権利義務ではなく，技術や仕様によって規定されてしまう傾向にあるからです。

インターネットや電子取引などは，典型的にそのような傾向を示しています。たとえば，最近話題になりました仮想通貨のビットコインは，ブロックチェーンに取引記録（新たなブロック）が生成されると，それを抹消することはできません。これは，ブロックチェーン技術の規格として，そのようになっています。ですから，ビットコインを支払手段として用いた場合に，たとえば原因取

引が取り消されたら支払取引も取り消されるという取扱い（いわゆる有因構成）が「望ましい」と法律家が判断しても，それは技術的に実現できません[47]。インターネット上のプライバシー保護などにもそうした現象はしばしばあり，「プライバシー・バイ・デザイン」などといって，プライバシーが守られるような仕様を技術的に組み込んでシステムを設計するべきだと言われますが，ある特定のアプリケーションの仕様でプライバシー保護が不十分であったとしても，ユーザーとしては，せいぜいそのアプリケーションを利用しないという選択肢しか持ちえないことが大半です。

　これを，私は，「法の領域の縮減」と呼ぶべきではないかと考えています。法によって救済を与えられる範囲が，技術によって限定されてしまう。しかも，その範囲は，技術の進歩とともに急速に小さくなっているように思われるのです。スポーツ仲裁の場合は，インターネットや仮想通貨ほど極端ではないかもしれませんが，たとえば，ドーピング検査で違反とされる基準値をどの水準に設定すれば，薬物を使用していないにもかかわらず基準値を超えることがなく，かつドーピングを行った選手は洩れなく発見することができるか，法律家が判断できる余地は極めて限られています。技術的に一定の数値を定めて，後はそのルールの適用だけが問題となります。

　そうした状況の中では，ルールの内容について合理性を審査することは，困難というよりも，無意味になりかねない。合理性を問うべきルール自体が，技術規格に置き換えられていくからです。その結果，ルールの形成や適用の手続の合理性がクローズアップされるのではないでしょうか。それは，法律家が判断できる問題であるからです。

V　まとめ

　本日お話ししてきたことは，はなはだ雑駁で，しかも私がこれまで研究して

---

[47] 小塚荘一郎「仮想通貨に関するいくつかの『大きな』問題」法律時報89巻11号1頁〔2017年〕。

きた領域に偏っています。そのため，特にまとめとして申し上げることもないのですが，一応，振り返ってみることにします。

　まず，最後に申しましたように，内容の合理性の問題と手続の合理性の問題があります。次に，内容の合理性については，手続によって代替されるのかどうかはとりあえず留保するとして，裁判所の審査に適する限りにおいては（その領域が狭まりつつあるかどうかは別論としまして），審査をしないでよい場合は限られているのではないかということです。狭義の商慣習（商法1条2項），慣習（通則法3条）として，その存在の認定で終わる場合が皆無だとは言いませんが，ほとんどの場合は，そうではなく，意思表示の解釈（民法92条）の中で，合理性が問われるのではないかということです。

　逆に，「慣習」の存在がそもそも主張されないときにも，契約の解釈とか適用とか，あるいは契約が公序良俗に反するかとか，独占禁止法の違反に当たるのかという判断をする際に，取引の合理性が問題になります。その意味では，慣習ないし取引慣行の問題は，裁判所による契約の解釈，適用の問題と連続性を持っていると思います。

　そして，ここで合理性を検討する際には，合理性にもいくつかの異なる類型があり得るということを頭において，どの意味の合理性が主張されているのかということを考えると見通しがよくなるのではないかということも申し上げました。また，それとは別に，全体としての取引上の合理性ではなくて，単なる当事者の負担割合を変更している慣行もある。こうなると取引条件の問題ですので，付随的条件なのか，本質的な条件なのか。本質的条件だとすると，それは対価の内容そのものですから，裁判所による対価の内容の規制は，全くその余地がないわけではないかもしれませんが，恐らく緩やかになるでしょう。それ以外の場合には，より厳しい目で見ていくことになるのではないかと思われます。

　「商取引の合理性と非合理性」といういただいたお題に合っているかどうかはわからないのですが，商慣習あるいは自治法，ソフトローなど，古くから論じられていたり，最近になって注目されるようになったりしていながら，議論

の焦点がわかりにくい問題について，少し整理をさせていただきました。御清聴ありがとうございました。

（本稿は，小塚教授が，平成28年11月17日，司法研修所第一部（平成28年度民事実務研究会（金融経済２））においてされた講演の講演録に基づき，加筆修正されたものである。）

（編集幹事）

講　演

債権法改正法をめぐる理論的諸問題

石　川　博　康

目　次
1　債務不履行・解除・危険負担
　1-1　履行請求権の限界事由（新412条の2）
　1-2　解除
　1-3　危険負担
　1-4　契約自由の原則（新521条）
2　売買
　2-1　売主および買主の義務
　2-2　売主の担保責任・総論
　2-3　買主の追完請求権（新562条）
　2-4　買主の代金減額請求権（新563条）
　2-5　買主の損害賠償請求権・解除権（新564条）
　2-6　買主の権利についての期間制限（新566条）
　2-7　危険の移転（新567条）
3　役務提供契約
　3-1　役務提供契約・総論
　3-2　寄託者の利益のための契約としての消費寄託
　3-3　役務提供契約の各類型の区分（性質決定）に関する歴史的なパースペクティヴ
4　要物契約の諾成契約化
　4-1　要物契約の諾成契約化・総論

4-2 消費貸借における要物性の見直し
4-3 使用貸借の諾成契約化
4-4 寄託の諾成契約化

【司会】
　本日は，東京大学社会科学研究所教授の石川博康先生を講師としてお迎えして，「債権法改正法をめぐる理論的諸問題」というタイトルで，契約総論，契約各論の各論点を中心にお話を伺うということになっております。

　石川先生につきまして簡単にご紹介させていただきますと，石川先生は2000年3月に東京大学大学院法学政治学研究科修士課程を修了され，その後，同大学大学院の法学政治学研究科の助手，それから学習院大学法学部の助教授ないし准教授を経られまして，2008年からは東京大学社会科学研究所の准教授になられ，2015年4月から現職を務めておられます。著書としまして，『「契約の本性」の法理論』あるいは『再交渉義務の理論』など，民法の契約法の分野におけます様々な研究に従事されておられると伺っております。石川先生には，本日，お忙しい中，貴重なお時間を割いて我々のためにご講演いただけるということで，大変ありがとうございます。それでは，どうぞ先生，よろしくお願いいたします。

【石川】
　ただ今御紹介に与りました，東京大学社会科学研究所の石川博康です。本日は質疑応答の時間を含めて2時間と伺っていますので，債権法改正法に関する論点の中でも，特に，解除・危険負担といった契約総論上の問題と，売買・役務提供契約・要物契約の諾成契約化といった契約各論上の問題に絞ってお話をさせて頂く予定です。本日は，どうぞよろしくお願い致します。

　報告の中身に入る前に，債権法改正作業における私自身の関わりについて，余談ですけれども，お話をさせて頂きたいと思います。私は，2006年から現在まで，もうかれこれ10年ほどになりますが，法務省民事局での債権法改正作業

をお手伝いするための非常勤の調査員として、法制審での審議が始まってからは部会資料、特に比較法資料の作成作業などを担当して参りました。今回の債権法改正作業に関しては、法制審議会での審議に入る以前も、債権法改正検討委員会での検討作業などにおいても色々と裏方の作業を担当させて頂いておりまして、本日のセミナーに御参加頂いている教官の方々の中にも、その債権法改正検討委員会で様々な苦楽を共にさせて頂いた方がおられますが、今思い返しても、学問的な議論の場としてとても楽しい経験だったと感じています。もっとも、その後の法制審議会の審議では、当初の提案から比べますと縮小に次ぐ縮小を繰り返すという状況でありまして、最終的には最小限度の手直しにとどめられることになった、という印象です。しかしながら、法務省の事務局サイドという立場から離れて、一人の研究者の立場から申し上げますと、特に契約各則の構造に関しまして、現行民法典が有している各典型契約の基本的な構造が注意深く保存された、という見方ができる部分もあり、当初の提案から後退したことをむしろ積極的に評価してよいと感じられる点も少なからず見受けられます。私は契約法を専門にしておりますが、日常的に携わっている研究としては、ローマ法や中世ローマ法学などの法史学研究を中心としています。本日は、契約法史を専門にする研究者の立場から、債権法改正法を歴史的なパースペクティヴから眺めてみたときにどのような評価となり得るのかといった辺りにも焦点を当てながら、お話をさせて頂こうと思います。

1 債務不履行・解除・危険負担

それでは本論に入りますが、まず、債務不履行・解除・危険負担について、各種契約に関するお話の前提として必要となりそうな点に絞って、ごく簡単に概要のみをお話させて頂きます。

1－1 履行請求権の限界事由（新412条の2）

まず、債務不履行に関する規定として、新412条の2という条文が新設されています。ここでは、まず1項で、履行請求権の限界事由についての規定が置かれており、それによれば、「債務の履行が契約その他の債務の発生原因及び取引

上の社会通念に照らして不能であるとき」には，履行請求権が排除されることになります。この「契約その他の債務の発生原因及び取引上の社会通念に照らして」という表現は，改正法の400条や415条などでも繰り返し出てくる表現であり，その趣旨は，契約上の債権債務や契約責任に関する諸規範については，その発生原因を問わず債権債務一般について妥当する抽象的な法制度に基づいてではなく，当事者が締結した個別具体的な「契約」に基づいてその内容が定められるべきである，という構想を示すことにあります。債権総論的思考からの脱却，と表現することもできますが，これが今回の改正法における基本的な方向性の一つとなっています。

さらに，新412条の2の第2項では，原始的不能でも契約は原則として有効である旨の規律が定められています。条文の文言としては，原始的不能であっても損害賠償請求は妨げられないとされているだけですが，これは代表的な救済手段として損害賠償請求ができるということについて例示的に述べたに過ぎません。従いまして，その要件が満たされる限り，その他の救済手段の行使も妨げられないものと解すべきことになります。

1－2　解除

次に，解除に関しましては，まず，解除の要件として債務者の帰責事由が不要とされたという点が大きな変更点になります。また，そう致しますと解除制度と危険負担制度の重複が生じますので，この点については危険負担を履行拒絶権構成に改めることによって対応することになりました。さらに，解除に際し債務者側の帰責事由が不要とは言っても，債権者に帰責事由がある場合にも解除権の行使を許すということになると，債権者が履行すべき債務を解除によって一方的かつ不当に免れるという結果が生じ得ることになります。従いまして，そのような帰結を回避するために，新543条におきまして，債権者に帰責事由がある場合には解除権は排除される旨の規定が設けられています。

新たな解除制度では，催告解除と（契約目的達成不能による）無催告解除とが二元的に並置されるという形で，現行法の構造が引き継がれています。催告解除に関しては，「不履行が軽微であるとき」は解除ができないということに

なっています。また，無催告解除については，新542条において，全部不能などの１号から５号までの各類型が定められていますが，ここでの受皿規定となる５号の規定が契約目的達成不能という要件で受けていることからも明らかなように，これらの各類型はいずれも契約目的達成不能を前提とした無催告解除の場面ということになります。

　そう致しますと，契約目的達成不能という要件と，催告解除における「軽微でないこと」とがどのような関係にあるのか，という点が問題となってきます。より具体的には，契約目的の達成は可能であるが軽微ではない不履行，そのような場合においていかなる取扱いとなるのかが問題となります。この場合，追完可能であれば，催告をした上で新541条による解除が可能です。追完が可能であるということで，追完請求権の存在を前提として，その履行を催告し，解除をすることができるわけです。それに対して，追完が不能であるときは，催告の余地がない以上は催告解除ができず，また契約目的の達成は可能であるため，この場合には無催告解除もできません。従って，この追完不能のケースでは，結果としては，いかなる方法でも全部解除はできないということになります。法的規律の隙間のような話でありますが，契約目的が達成可能であるが軽微ではない不履行に際して，追完可能であれば催告解除が可能であるのに追完不能であるときには全部解除の余地がないという帰結については，このような取扱いの不均衡には合理性は乏しいのではないか，という批判もあるところですが，改正法の枠組みとしては，以上の解釈と異なる結論を導くことは困難かと思われます。いずれにしても，この点に関する取扱いを含めまして，契約目的達成不能や軽微性の要件の具体的な判断において一定の調整を図っていくことが，今後の課題となるだろうと思います。

　なお，あくまでも私の個人的見解ではありますが，先ほど述べました追完不能の場合と追完が可能な場合とにおける取扱いの不均衡については，そのような帰結をもたらす改正法の枠組みによって，むしろ，催告解除と契約目的達成不能による無催告解除とは質的に異なる制度である，という方向性が示唆されていると理解すべきなのではないか，と考えています。具体的には，履行や追

完の可能性がありかつその催告がなされたにもかかわらず，なおそれに応じないというのは，その履行・追完の可能性ゆえにそのような行為態様自体が一定の反信義則性を帯びることになり，その反信義則性の程度が解除を基礎付けるファクターの一つとなります。催告解除に関する新541条において，不履行の重大性（軽微でないこと）の要件に関し，「催告後に相当期間を経過した時」における債務の不履行について判断することとされておりますが，これは，不履行となった債務の重要性等に加えて，催告後における行為態様の反信義則性をも考慮に入れて不履行の重大性を判断することを示唆しているものと解されます。従って，先の追完不能のケースのように，契約目的達成不能には至っておらず，かつ履行・追完が可能であるのに催告に応じないという意味での反信義則性が基礎付けられない場面において，全部解除が認められないことは，以上の催告解除・無催告解除の要件をいずれも充足しない結果であり，そのこと自体はそれほど不合理な結果とは言えないのではないか，と考えています。催告解除に関する以上の制度理解は，契約目的達成不能を基礎とする無催告解除の枠組みとは質的に異なるものとして催告解除を位置付けるものであり，また，ここで考慮される反信義則性の理論的基礎については，ローマの契約法において諾成契約における契約上の責任を基礎付ける原理の一つであったdolus malus（故意）との連続性の中でそれを理解すべきであると考えています。契約法上のdolus（故意）の責任に関しては後にもう少し掘り下げてお話を致しますが，いずれにしても，解除の要件判断をめぐっては，以上のような体系的・理論的課題に対する応答もまた迫られることになる，ということについては留意しておかなければならないのではないかと思います。

1-3 危険負担

次に，危険負担ですが，これについては536条の規定が残ったということをどのように評価すべきか，という点がまず問題となります。この点については，従来の危険負担制度が，対価危険を理由とした反対債務の法上当然の消滅をもたらす制度であったと考えるならば，そのような制度は廃止されたと言って差し支えないだろうと思います。確かに，債務者主義を定める536条については，

履行拒絶権構成へと転換した上で維持されております。しかし，反対債務の当然消滅ではなく履行拒絶権構成になったということは，解除制度と同様に，債権者側の選択によって履行の負担から免れるかどうかが決せられるという制度へと，危険負担制度の構造が根本的に変質したということになります。実務的な取扱いのレヴェルでは実質的な変化は生じないこととは思われますが，少なくとも理論的には，改正法における危険負担の規定は従来の意味での危険負担制度ではない，ということに十分留意しておく必要があるだろうと思います。

1－4　契約自由の原則（新521条）

さて，このブロックでの最後の話ということになりますが，契約自由の原則について定める新521条について述べておきたいと思います。この規定は，契約締結の自由および契約内容決定の自由について定めるものですが，これがいかなる意味を持った規定であるのか，ということが問題になります。具体的な問題としては，これが契約上の請求権の権利発生根拠規定となり得るのかどうか，とりわけ非典型契約に関する権利発生根拠規定と解し得るものなのかという問題があります。

この点に関しましては，要件事実論的には，典型契約における権利発生根拠規定は典型契約冒頭規定である，そして非典型契約における権利発生根拠規定は91条であるという見解が説かれております。この91条を非典型契約における権利発生根拠規定と解する見解に対しては，91条は任意規定と意思表示の優劣関係について述べているだけであり，非典型契約における権利発生根拠規定にはなり得ないのではないか，という批判も向けられていました。いずれにしても，この新521条が定められたことによって，今後はこの新521条が91条に代わる形で非典型契約における権利発生根拠規定となる，という理解もできそうです。

しかし，そのように解しますと，典型契約冒頭規定は改正法においても従来通り各典型契約の成立要件を定める規定として存置されているということとの関係について，説明に窮することになります。新521条が権利発生根拠規定となり得る性質の規定であるならば，新521条は典型契約についての権利発生根

拠規定としても理解されるのが筋だろうと思うわけですが，そのような取扱いにはなっておらず，典型契約に関しては典型契約冒頭規定がその権利発生根拠規定となるという構造が改正法でもなお維持されているわけです。この点につき，法制審議会の審議の過程では，この契約自由の原則を定める新521条は，いわゆる冒頭規定説の立場を採らずに典型契約冒頭規定を定義規定に改めるという提案と組み合わせる形で提案されていましたので，もし典型契約冒頭規定が現在の形式から定義規定の形式に改められていたとするならば，新521条が典型契約および非典型契約についての一元的な権利発生根拠規定として位置付けられることになっただろうと思います。しかしながら，典型契約冒頭規定の意義は従来通りであるということになると，やはり，新521条は権利発生根拠規定となり得る性質の規定ではなく，単に契約法における一般原則について述べるに過ぎない原理的規定として理解すべきであると思われます。そのような原理的規定として非典型契約の拘束力を根拠付ける規定となることまでは承認され得るとしても，非典型契約における新521条を典型契約における典型契約冒頭規定と同様の性質の規定として理解することはできない，と考えなければなりません。

　歴史的なパースペクティヴから見ても，典型契約冒頭規定において各契約類型の成立を基礎付ける本質的要素について定めるという規律構造は，各契約の類型的な構造を支える上で極めて重要なものとして位置付けられます。新521条の定める契約自由の原理との関係について述べるならば，典型契約冒頭規定は，それを単に具体化した特別規定ではなく，むしろ，類型的な規律構造をもって新521条の定める原理を枠付け制約するための対抗的規定という意味での特別規定として理解されるべきものです。従って，先に述べたように新521条は単なる原理的規定に過ぎないものとして理解されるとしても，それは典型契約冒頭規定に積極的な意義と機能を見出すことのコロラリーであり，まさにそのように典型契約冒頭規定の規律構造が条文上保存されているという点において，改正法の帰結は積極的に評価されるべきであると考えています。

2 売買
2-1 売主および買主の義務

次の話に移りますが、売買に関しては、担保責任制度の見直しという論点がここでの話の中心になります。最初に、その前提として、売主および買主の義務に関する改正の状況について述べておきたいと思います。

改正法では、新560条において、売主の対抗要件具備義務が明文化されました。また、新561条において、他人物の売主の権利取得移転義務が一部他人物の場合にも及ぶということが明文化されました。もっとも、以上のいずれの点も、これまで解釈論上異論なく認められてきた帰結が明文化されたに過ぎません。なお、改正法では、担保責任との関係で後に詳しく述べますように、売主は契約の内容に適合した物を引き渡しまたは権利を移転する義務を負う、という立場を明確に採用しておりますが、契約の内容に適合した物・権利を供与する義務という売主の義務については明文の規定が置かれていない、という点に注意が必要です。この点は、契約に適合した物・権利を供与する義務の違反に関する救済手段の規定が置かれますので、それと重ねてその義務自体についての規定を置く必要はない、と考えられたことの帰結ですが、いずれにしても、改正法においては、以上の書かれざる義務を売主が負うということが前提となって新たな不適合責任の規律の構造が支えられている、という点が重要です。

また、以上の点と関係して、特定物売買において売主が負担する義務の内容と、新400条における特定物の保管義務の関係はどうなるのか、という問題があります。この点、売主は契約に適合した物を引き渡すべき義務を負っている以上、引き渡した物が契約に適合しない場合には、新400条における保管義務を尽くしていたとしても、それをもって契約不適合を理由とする売主の責任を当然に免れることにはなりません。従って、契約不適合を理由とする売主の責任との関係では、新415条における損害賠償請求権の要件である売主の帰責事由の有無を判断するに際して、その新400条の保管義務の履践の有無が考慮要素の一つとなるに過ぎません。以上の規律は、目的物の引渡しまでその滅失・損傷の危険は売主にとどまるとする新567条1項の規律と併せまして、売買契約に

おいては厳格な保管責任を売主に負担させる趣旨に基づくものとして理解されます。

さらに、歴史的な観点から申しますと、ローマ法上、売買において危険負担の債権者主義が妥当する前提として、売主が重い保管責任、すなわちcustodia（保管）責任を負い、そこでは売主には無過失の抗弁は許されず、不可抗力の抗弁しか許されなかった、という規律をより実質化したものとして、以上の改正法の規律を特徴付けることができるように思われます。ここで実質化ということの含意は、物の保管に関する責任とともに物の瑕疵に関する責任をも広く織り込んだ形で、契約に適合した物を引き渡すべき売主の責任が定められている、という点に存します。危険負担に関して債権者主義が妥当しないという点では、改正法はローマ法の立場よりもさらに重い責任を売主に課しているとも言えますが、いずれにしても、改正法の規律はそのような意味での重い保管責任・不適合責任を売主に負わせるという構造となっており、またそれはcustodia責任の構造と確かに通じる部分があると考えられます。

この点についてさらに踏み込んで述べますと、そのように売主が目的物の保管とその原始的な不適合に関する厳格な責任を負担する一方で、買主に帰責事由がある場合には買主の各救済手段は排除されるという改正法の構造については、過失責任主義とは異なる責任原理としてのローマの契約法上のdolus（故意）責任、すなわちbona fides（信義誠実）違反を基礎とした責任の構造に連なるものとして理解することができるものと考えています。すなわち、この点に関しては、帰責事由のある買主が売主のbona fides違反の責任を追及するのはbona fidesに従ったものとは評価されない、という理論的な基礎付けが可能です。伝統的な過失概念を前提とした過失責任主義からの脱却という方向性が改正法の基礎にあると考えることができるならば、過失責任主義とは異なる基礎を有する責任原理であるdolus責任やcustodia責任へと繋がり得る規律が、改正法の売買に関する規律の中で再びその姿を現すということは、十分に首肯できる流れであると思われます。

2-2　売主の担保責任・総論

　次に，担保責任制度の見直しの内容について，具体的に見ていきたいと思います。まず，現行法の570条の瑕疵担保責任については，その法的性質に関し，いわゆる法定責任説と契約責任説の見解の対立がありました。改正法では，法定責任説には理論的に見ても問題がありまた社会の実情とも合致しないと考えられ，立法による解決として，契約責任説の立場を採用することとし，この契約責任説の観点に基づいて，瑕疵担保責任を含めた担保責任制度全体が規定し直されることになりました。改正法では，契約責任説の立場を採用した結果として，明文化こそされませんでしたが，契約内容に適合した物の引渡しおよび権利の移転をなすべき売主の義務が認められた上で規定が整備され，また，現在の570条における「瑕疵」という用語についても，「契約の内容に適合しない」という表現に改められることになりました。物の瑕疵に関する責任から，契約責任たる契約不適合責任への転換と一元化が図られたわけです。

　もっとも，以上のような取扱い自体は，現在の判例の立場からの大きな変更を含むものではないと考えるべきでしょう。例えば，瑕疵という概念の意義については，判例は，いわゆる主観説の立場，すなわち，「当事者が契約において予定した性質を備えていないこと」をもって瑕疵と捉える立場を採用しています。改正法における契約責任説に基づく具体的な帰結は，瑕疵に関する主観説を含めた判例における取扱いとはむしろ整合的であると考えることができます。

　その点を踏まえますと，改正法において契約責任説が採用されたことのより大きな意味は，第1に，契約責任説の立場が，物の不適合の場合だけでなく権利の不適合の場合についても同様に妥当するということを前提として，物の不適合に関する責任と権利の不適合に関する責任とが同一の規律において一元的に統合されたということ，また第2に，その一元的な契約不適合責任における救済として，買主における各救済手段の要件と効果が具体的に整理し直されたこと，という2点にあると考えられます。以下，この点についてさらに詳しく述べることにします。

まず，第1の点ですが，物の不適合の場合だけでなく，権利の不適合に関する売主の責任について考える場合でも，責任の有無の判断に際しては，売主が権利の移転をどこまで引き受けていたのかについての契約解釈が重要となってくるものと考えられます。従いまして，改正法では，権利の不適合に対する責任についても，当事者の引き受けた契約内容に適合した権利を移転する義務に対する不履行として，契約責任説の観点からその規律を整備すべきであると考えられました。この点，現行法では，売買における担保責任の規定は，物の瑕疵と権利の瑕疵とを区分して個別的にその要件・効果が規定されており，また，権利の瑕疵に関する規定の内部でも，権利の全部または一部が他人に属する場合や，目的物に用益物権や抵当権などの他人の権利が付着している場合などのように，権利の瑕疵の具体的内容に応じた個別的な規定が並べられておりました。しかし，改正法では，そのような権利の瑕疵に関する規定の内部での細分化や権利の瑕疵と物の瑕疵の間での規律の区別自体が廃止され，物または権利に関する契約不適合を理由とする債務不履行責任についての規律として，一元的に整理・統合されることとなった，というわけです。新565条において，物の不適合の場合に関する規定が権利の不適合の場合についてそのまま全面的に準用されていますが，この取扱いは，以上の理由に基づくものです。

また，ここでさらに注目されるのは，改正法では，このような契約責任説の採用にかかる規律方針は，売買だけでなく，他の契約類型における担保責任の制度との関係でも等しく妥当するものと考えられている，という点です。すなわち，売買以外の贈与・使用貸借・請負などにおける担保責任の制度によって従来扱われていた問題については，まず契約の内容に適合した物・権利を供与すべき義務に対する債務不履行の問題として位置付けた上で，各契約類型の特質に鑑みて，債務不履行の一般規定と異なる内容の規律が必要であると判断される限りで，また有償契約については売買の規定が包括準用されること（559条）を前提としてもなお何らかの規律が必要とされる場合に限り，担保責任に関する特別の規定が置かれることになりました。その結果，例えば請負における担保責任の規定はほぼ全面的に削除され，基本的には売買の規定の準用によって

処理されることになりました。また，瑕疵を知りながら告げなかった場合における贈与者の担保責任について定めていた現551条の規定は，契約に適合した財産を供与すべき贈与者の義務を承認することを前提として，「贈与の目的として特定した時」の状態で引き渡す旨の贈与者の意思を推定するという内容の規定に改められました。このように，改正法では，売買だけでなくその他の契約類型に関しても契約責任説からの規律が貫徹され，民法典全体としてその契約不適合責任に関する構造と規律の統合化が図られています。

　さて，次に，契約不適合に対する買主の救済手段の具体的な内容について見ていくことにします。改正法では，まず物に関する契約不適合を理由とする買主の救済手段として，新562条の追完請求権，新563条の代金減額請求権，新564条の損害賠償請求権および解除権についての各規定が置かれ，その上で，これらの規定が権利の契約不適合の場合についても新565条によってそのまま準用されています。なお，新565条に関しては，権利の一部が他人に属する場合についても権利に関する契約不適合の場合と同様に扱われる一方，権利の全部が他人に属する場合については本条の適用対象から除外されている，という点に注意が必要です。新562条から新564条までの規定は，物・権利の契約不適合という不完全履行の場合に関する規定であり，債務の履行が何らなされていない無履行の場合については，債務不履行の一般規定の適用によって処理されることが想定されています。この点，全部他人物の売買において売主がその権利の全部を移転しないときは，権利移転義務についての無履行であり，債務不履行の一般規定をそのまま適用すれば足りる，と考えられたわけです。

　また，これらの救済手段に関する規律における全般的特徴については，現行法での取扱いからの変更点として，特に，次の点を挙げておきたいと思います。すなわち，例えば他人物売主の担保責任に関する現561条では，買主が悪意の場合には損害賠償請求が認められない，という規定が置かれていますが，このように瑕疵についての買主の善意・悪意などの主観的要件に従ってそれに対する救済を画一的に排除または制限する現行法の規定は，改正法では設けられないこととなりました。その理由ですが，買主側の善意・悪意によって画一的に救

済の可否が決せられるという取扱いは，契約不適合に関する売主の責任はいかなる内容の義務を売主が引き受けたのかという観点によって決定される，という改正法の規律方針とは合致しないと考えられたためです。また，物の瑕疵に関する現570条では，瑕疵が「隠れた」ものであることが要件とされており，そしてこの要件は買主側の善意無過失を要求するものと解されていましたが，契約適合性の要件判断と実質的に重なってくる点なども考慮して，改正法では，この瑕疵が「隠れた」ものであることという要件についても，以上と同様の理由から削除されました。

2－3　買主の追完請求権（新562条）

　続きまして，個別の救済手段についてさらに見ていきたいと思います。まず，買主の追完請求権に関する新562条です。現行法では，請負などにおいては瑕疵修補請求権に関する明文の規定が置かれていましたが，売買に関しては，目的物の修補や代替物の引渡しといった追完請求に関する規定はこれまで定められていませんでした。追完請求権に関しては，債務不履行一般における救済手段として規定を置くことも検討されましたが，最終的にはそちらで一般的規定を置くことは断念されましたので，この規定は，追完請求権に関する不文の一般的規律に対する売買における特則としての意味を持っています。すなわち，改正法では，追完が不能の場合には追完請求権は認められないとの規定はこの売買の箇所では置かれておりませんが，この点については，追完請求権についても新412条の2第1項における履行不能の一般的規律が適用されることによって，追完不能の場合のおける買主の追完請求権が排除されることになります。また，追完方法の選択に関する新562条1項の規律や，契約不適合が買主の責めに帰すべき事由による場合における追完請求権の排除に関する新562条2項の規律についても，追完請求権に関する一般的な規律とは異なる特則であるという点を踏まえてその意義を理解する必要があります。

　特に，買主の帰責事由による追完請求権の排除という規律は，何も履行がなされていない場合における本来の履行請求権については妥当しない排除事由を特に定めるものでありますので，その位置付けが問題となってきます。すなわ

ち，本来の履行請求権と追完請求権の関係をどのように理解するのかについては理解が分かれ得るところですが，追完請求権は基本的に履行請求権と同一の性質を有すると考える場合には，ここでの追完請求権に買主側の帰責事由による排除という特別の規律が妥当するのはなぜか，という点が問われることになります。この点は今後の解釈問題ということになりますが，先に述べました bona fides（信義誠実）違反を基礎とした責任の構造という観点に加えまして，双務有償契約であるところの売買契約においては，契約不適合に関して買主に帰責事由がある場合には，その不適合に起因する双方債務上の対価的不均衡を是正するための救済手段は与えないという観点に基づいて，解除権や代金減額請求権とともに追完請求権についても排除されることになる，という説明が可能であると考えています。すなわち，危険負担制度との競合およびその規律との整合化の観点から，解除・代金減額請求による反対債務からの解放やその縮減といった救済手段が帰責事由ある買主からは排除されるところ，追完請求権についても，契約不適合な債務自体を治癒するという方法によってであれ，それによって双方債務上の対価的不均衡が是正されるという点では解除・代金減額請求と共通した性質の結果に寄与する救済手段であると解されるため，解除権・代金減額請求権と同様に追完請求権も帰責事由ある買主からは排除される，という論理に基づくものとして理解することができます。従って，この買主の帰責事由による排除という規律を含む買主の追完請求権の規定を他の契約類型に準用する際には，以上のような意味において売買と同質の双務有償性を有するものと認められる限りでその準用が認められるべきである，ということになります。

2－4　買主の代金減額請求権（新563条）

　追完請求権についての話はここまでにして，次に，代金減額請求権の話に入りたいと思います。買主の代金減額請求権は，現行法では数量不足の場合等に限ってしか認められていませんでした。しかし，改正法においては，代金減額請求権によって対価的均衡を維持する必要性は，数量不足の場合に限らずより一般的に認められるものと考えられた結果，契約不適合の場合一般における救

済手段として代金減額請求権が認められることになりました。

代金減額請求権の要件に関しては、代金減額請求権が一部解除としての性質を有することを前提として、解除と同様の枠組みが採用されているという点が重要です。すなわち、第1に、代金減額請求権を行使するためには、催告解除の場合と同様に、追完の催告をした上で相当期間の経過を待たなければなりません（新563条1項）。第2に、無催告で代金減額請求権を行使できる場合については、新542条による無催告解除の場合に準じた要件が新563条2項において定められています。第3に、代金減額請求権と帰責事由との関係についても、解除の場合と同様に、売主の帰責事由は代金減額請求の要件とはならない一方、契約不適合が買主の帰責事由による場合には代金減額請求は認められないこととなります（新563条3項）。このように、売主に帰責事由がないことによって損害賠償請求権が認められないような場合や、履行請求権の排除事由があることによって追完請求権が排除される場合においても、なお代金減額請求権については行使可能です。この点に、代金減額請求権という救済手段の固有の存在意義が見出されることになります。

2−5　買主の損害賠償請求権・解除権（新564条）

契約不適合に関する買主の救済手段としては、さらに、新564条によって、損害賠償請求権と解除権が認められています。しかしながら、新564条は、売買における特則を定めるものではなく、債務不履行の一般規定における損害賠償請求権および解除権の要件・効果に従ってこれらの救済手段を行使できるとしています。売買における契約不適合の場合に関して、債務不履行の一般原則と異なる特則を定めるべき必要性が認められなかったことの結果ですが、現行法における取扱いと異なる改正法からの帰結としては、売主に帰責事由がない場合には損害賠償請求は認められないこと、損害賠償の範囲については履行利益にも及び得ること、解除に際して契約目的の達成不能という要件は課されないこと、といった点を挙げることができます。

2−6　買主の権利についての期間制限（新566条）

さて、契約不適合に関する買主の権利の期間制限について定める新566条の

話に移りたいと思います。担保責任の期間制限に関しては、現行法上、一部他人物および数量不足の場合、用益物権等が付着している場合、物の隠れた瑕疵の場合などについて、それぞれ1年の短期期間制限が設けられています。この点、改正法では、物の種類・品質における契約不適合の場合に限って、すなわち物の数量や権利の不適合の場合を除き、買主が不適合の事実を知った時から1年という短期期間制限を維持するということになりました。もっとも、権利の保存のために1年の期間制限内に買主が行うべきことについては、従来の判例上の取扱いから若干の変更が生じています。すなわち、判例は、1年の期間制限内に買主が売主の担保責任を問う意思を裁判外で明確に告げることで足りるとしつつ、そのようにして告知すべき内容としては、「売主に対し、具体的に瑕疵の内容とそれに基づく損害賠償請求をする旨を表明し、請求する損害額の算定の根拠を示す」ことなどが必要となると述べていました。これに対し、改正法においては、不適合があることの通知のみで買主の権利は保存されることになりますので、判例の立場よりも買主の権利保存にとってより緩和された取扱いとなります。また、買主の通知義務を基礎とした以上の1年の期間制限については、引渡しの時に売主が不適合を知り、または重大な過失によって知らなかったときは、そのような売主を短期期間制限によって保護すべき必要性が認められないため、新566条但書により、その場合には短期期間制限は適用されないことになります。

2－7 危険の移転（新567条）

売買に関する改正法の規定としては、以上に述べた点のほか、目的物の引渡し時が買主への危険移転時期となる旨の規律を定める新567条の規定が重要です。ここでは、引渡しによる危険の移転の効果に関し、反対債務の履行拒絶権の排除といった対価危険の移転にかかる効果だけでなく、追完請求権等の排除といった給付危険の移転にかかる効果も含まれているという点に注意が必要です。この点と関係して、次のような問題が生じます。すなわち、引渡し時に買主に危険が移転するとして、不特定物が特定後かつ引渡し前に滅失・損傷した場合には危険の移転についてはどうなるのか、という問題です。この点につい

ては，新567条の規定の反対解釈からは，引渡しがなされない限り特定が生じていても買主に危険は移転しないという帰結が導かれそうですが，しかしながら，そのような解釈以外の可能性が新567条の文言上当然に排除されているわけではありません。例えば，引渡しによる危険の移転について規定する新567条1項については，引渡し以外の事由による危険移転の可能性を否定するものではなく，引渡し前に特定が生じていた場合には，401条2項における「特定」自体の効果として給付危険の移転が認められる，といった解釈も文言上は可能であるように思われます。とは言いましても，改正法では，特定物の売買に関しては，新400条における特定物の保管義務に対する違反なくして売主の下で目的物に損傷等が生じたような場合であっても，契約に適合した目的物を引き渡すことに関する重い責任と危険を売主が負担することになります。そのような特定物に関する取扱いとの均衡などを考慮するならば，種類物債務に関する危険移転についてのデフォルト・ルールとしては，やはり，特定が生じていても引渡しがなされるまでは買主に危険（給付危険を含む）は移転しないものと解するのが整合的であるように思われます。特定物に関して，受領遅滞の場合などを除き，その引渡し前に危険が移転するメルクマールが存在しないことと平仄を合わせるならば，不特定物に関しても同じように考えるべきだ，ということになります。

　もっとも，そのように解しますと，特定があっても，給付危険の移転も対価危険の移転も生じないということになりますので，そのような効果をもたらさない「特定」という制度にいかなる意味があるのかということについては，改めて考えなければなりません。401条2項の種類債務の特定については今回の改正では見直しは行われていませんが，新567条が定められたことによって，特定の効果については従来とは異なる理解をする必要が生じたものと考えなければならないでしょう。この点につきましては，特定によっても給付危険を含めた危険の移転は何ら生じないものの，これによって売主の義務内容が，目的物の調達義務から，特定された目的物に関する供与義務とその契約不適合に際しての追完義務へと変容する，という点において，特定の制度の意義を理解すべ

きであると考えられます。

　新567条に関する以上の規律については，先に新400条の説明の際にも述べたように，ここでは，目的物の保管とその不適合に関する厳格な責任を売主が負担する一方で，買主に帰責事由がある場合には追完請求権を含む買主の各救済手段は排除されるという構造を見て取ることができ，またこれは，ローマ法におけるbona fidesを基礎とした契約責任の構造に接近するものとして位置付けられます。改正法では，現561条後段における悪意の買主の損害賠償請求権の排除や，現570条における「隠れた」瑕疵の要件といった買主側の主観的事情による救済手段を制限・排除する規律は，いずれも削除されました。しかしながら，それらの規定が担っていた規律内容は，契約適合性に関する要件判断にその全てが解消されるわけではなく，「買主に帰責事由がないこと」という各救済手段の要件の背後にあるbona fides違反という考慮要素の中にもそれらの規律内容が溶け込んでいると考えることができるならば，買主側の悪意等を考慮して信義則違反により買主の救済手段を遮断するといった取扱いも，事案によっては検討されてよいように思います。以上が，歴史的なパースペクティヴから見た，改正法における売買に関する新たな規律についての一つの理論的な見通しとなります。

3　役務提供契約

3－1　役務提供契約・総論

　以上で売買についての検討は終わりと致しまして，次のテーマに移りたいと思います。次は，役務提供契約ということですが，法制審議会では，役務提供型の契約の受け皿として準委任を位置付けるといういわゆる準委任構成に伴う実際上の不都合性を踏まえまして，役務提供契約一般の受け皿となり得る新たな規律の導入が模索されました。しかしながら，審議の結果，この点に関するいずれの提案も採用されませんでした。そこで，次善の策として，準委任に関する規定を，役務提供型の契約の受け皿としての機能を考慮した内容に改めることにより，役務提供型の契約一般に妥当する規律をより適合的なものとする

という提案が示されました。それは，準委任の内部において，委任の規定が全面的に準用される類型と，契約において受任者の個性が重視されていないために，委任の規定のうち自己執行義務・任意解除権・委任の終了事由に関する規定が準用されない類型とを区分する，という内容の提案でした。これに対しては，この提案において準委任の内部で括り出そうとしている，委任の規定が準用されない類型というものの中には，非常に多様な役務提供契約が含まれ得るため，それらについて一律に適用される規律を定めることは困難である，といった批判が向けられまして，この案についても採用されないこととなりました。このように，改正法においては，最終的には，新たな役務提供型の契約に対応するための改正に関するいずれの提案も採用されず，準委任に関する規定を含め，現行法の規律内容が改正法においても引き続き妥当することになりました。従って，役務提供型の契約に関する改正としては，雇用・請負・委任・寄託の各契約類型の内部における個別的な問題点についての見直しが行われたに過ぎません。

　そのようなわけで，役務提供契約に関する改正は，各契約類型の内部での個別的な規律の見直しとして取り扱われたに過ぎませんが，しかしながら，そのような中でも，役務提供契約類型相互において連続的な規律が設けられている場面もある，ということには注意が必要です。その一つが，雇用・請負・委任における割合的な報酬請求に関する連続的な規律です。まず，雇用におきましては，雇用が中途で終了した場合において，既に履行した割合に応じた報酬を請求できる旨の規律が新624条の2において定められることになりました。これを受けて，委任においては，報酬が委任事務の履行に対して支払われる場合，これが委任における原則的な報酬支払の方式になりますが，この場合についても，雇用の場合と同様の規律が，新648条3項において設けられることになりました。

　もっとも，委任においては，成果完成型の報酬，すなわち，委任事務の履行の結果として一定の成果が達成された場合にはその成果に対する報酬が支払われるという報酬支払方式が合意されることも，実務上は比較的多く見受けられ

るところです。そこで、委任では、新648条2項の定める原則的な報酬の支払方式、すなわち委任事務の履行に対して報酬が支払われる場合と並んで、成果完成型の報酬支払方式が採用されている場合の規律として新648条の2が新設されました。この新648条の2では、成果完成型の報酬に関して、請負と同様の規律が設けられています。仕事の完成という成果・結果に対して報酬が与えられる請負と、成果完成型の委任とは、報酬の定め方において共通した実質を伴っているためです。この成果完成型の委任と請負における報酬に関する共通の規律の中に、履行の中途で契約が終了した場合における割合的な報酬請求に関する規律があります。すなわち、請負におきましては、新634条の規定が割合的な報酬請求について定めており、この規定が、成果完成型の委任について、新648条の2第2項によって準用されています。

　以上のように、改正法では、請負と成果完成型の委任、および雇用と原則的な報酬支払い方式における委任、という枠組みで、履行の中途で契約が終了した場合における割合的な報酬請求に関する連続的な規律がそれぞれ定められています。その他、改正法では、委任における再受任者の選任と寄託における再寄託に関しても、両者で連続した規律が定められることになっています。すなわち、委任における受任者の自己執行義務に関する新644条の2において、104条における任意代理の復代理人の選任に関する規律と同様の要件で、受任者が復受任者を選任し事務を委託することを認めること、また、代理が介在する場合における委任者と復受任者の間の権利義務関係については、復代理人と本人の関係に関する新106条2項の規律と同様の規律を定めるものとされています。その上で、これらの復委任に関する取扱いと再寄託の場合の取扱いとが同じになるように、再寄託に関する新658条の規定が整備されています。このように、改正法では、いくつかの場面で、役務提供に関する契約類型相互間での取扱いの不連続性を解消して規律の水平的な整合化が図られている点が重要となります。

3－2　寄託者の利益のための契約としての消費寄託

　役務提供契約に関する改正事項について個別的に見ていきたいと思います

が，その全てについて説明をすることは時間の関係上困難ですので，ここでは，委任や寄託という契約類型の基本的特質とも深く関連する，消費寄託に関する改正事項について確認しておきたいと思います。

　消費寄託に関しては，現666条により，消費貸借に関する規定が包括的に準用されていました。しかし，消費寄託は，寄託物を受寄者の保管に委ねることによって寄託者が自ら保管することに伴う危険を回避するために行われる契約であり，「寄託の利益は寄託者にある」という点で，消費貸借とは本質的にその性質を異にしている，と考えなければなりません。そこで，改正法では，そのような理論上の視点を受容する形で消費寄託に関する規律のあり方を改めまして，消費寄託については消費貸借ではなく寄託の規定を原則的に適用することにした上で，目的物の処分権が移転することに伴う規定に限って，すなわち，貸主の引渡義務および借主の価額償還に関する新590条および592条に限って，消費貸借の規定を準用することになりました。

　また，以上の取扱いの変更に伴い，預貯金に関する消費寄託の場合についての特則が新666条3項において新たに設けられている点も重要です。例えば，期限の定めのある預貯金契約である定期預金契約に関しては，現行法上，銀行側から期限の利益を放棄して期限前返還ができることを前提とした相殺による処理などが，実務上広く行われています。この場合について，寄託に関する新663条2項が適用されると，やむを得ない事由がなければ期限の定めのある寄託の場合の期限前返還はできず，これまで通りの実務上の取扱いができないことになって不都合である，との批判があったことを受けまして，改正法では，消費貸借に関する新591条2項・3項の準用により，預貯金に係る消費寄託の受寄者は金銭をいつでも返還できることが明らかにされました。もっとも，寄託者からはいつでも返還請求できると定める新662条1項については，特に何の手当てもなく，預貯金に関する消費寄託の場合にも適用されるという点にも注意が必要です。この新662条1項の規律に従えば，「定期預金などの期限前返還を求めることは預金者の権利ではない」というこれまでの実務上の取扱いとは異なり，定期預金などであっても預金者はいつでも期限前返還を求めることが

できることになります。

　もっとも，この新662条1項の規定は任意規定であると考えられますので，預金者からの期限前返還を制限する条項を契約に盛り込んでおけば，それが消費者契約法10条などによって無効とされない限りは，実務上は従来と同様の取扱いが可能である，ということにはなりそうです。しかしながら，寄託者からの期限前返還請求を排除する特約の効力がそのように問題なく有効性を承認され得るのかという点については，なお注意が必要であるように思われます。この点につき，契約の構造における委任と寄託の共通性に鑑みれば，寄託者からの期限前返還請求を排除する特約の効力については，基本的には委任者の解除権放棄特約の効力と同様に解すべきであると考えられます。委任者の解除権放棄特約の効力に関しては，学説上，①契約自由の原則により，公序良俗違反等とならない限り，解除権放棄特約は有効であるとする説，②当事者間の信頼関係を基礎として委任者のために行われる契約であるという委任契約の特質に照らし，委任者の解除権放棄の特約は原則として無効であり，受任者の利益をも目的とする委任の場合にはその特約も有効であるとする説，③解除権放棄特約は有効であると解しつつ，やむを得ない事由がある場合には特別の解除権が認められるとする説など，いくつかの見解に分かれています。従って，預金者からの期限前返還請求を排除する特約の効力に関しては，まず委任者の解除権放棄特約の効力についてどのように考えるのかという原則論を出発点として，預貯金にかかる消費寄託では寄託者側だけでなく受寄者側にも契約上の利益が帰属するという例外的特質を踏まえた上で，より分節化された解釈を施していく必要があると考えられます。預金者からの期限前返還を排除する特約の効力は認められるという解釈上の帰結が導かれるとしても，その結論に至るまでの論理の道筋については，単純に新662条は任意規定だから特約で排除できるということで済まされるべき問題ではなく，委任者の解除権放棄特約についてどう考えるのか，寄託者からの期限前返還請求の排除特約についてはどうか，さらに預貯金にかかる消費寄託ではどう考えるのか，といった論理の積み重ねが求められるべきことになるでしょう。

3-3 役務提供契約の各類型の区分（性質決定）に関する歴史的なパースペクティヴ

なお，役務提供契約に関する説明の補論として，役務提供契約の各類型の区分と性質決定に関する歴史的なパースペクティヴについて，私見を述べておきたいと思います。

まず，雇用・請負・委任等の役務提供契約がどのような基準で切り分けられるのかに関して，民法典起草者は，次のように考えていました。すなわち，雇用は，従属的労務だけでなく独立的労務を含む労務それ自体と報酬とを交換する契約である，それに対し，請負および委任は，労務それ自体ではなく，仕事の完成や事務の処理が契約の目的となる，という理解です。

それに対し，我妻説を起源とする現在の通説的見解は，指揮命令権・使用従属関係というメルクマールによって，雇用とそれ以外の類型とが区別されると考えています。使用者の指揮命令権と労務者の従属性の存在が雇用という契約の本質的要素であり，またそれは623条の「労務ニ服スル」（現行法では，「労働に従事する」）という文言によっても表現されている，というわけです。このような理解は必ずしも民法典起草者によって採られていたものではありませんでしたが，労働法上の「労働契約」の概念と民法上の「雇用」の概念の統合化をもたらしその見通しを良くするものでもあったため，通説的理解となりました。そのように雇用の概念が狭く捉えられた結果，準委任が，役務提供契約に関する一般的な受け皿としての役割を担わされることとなりました。

また，通説的見解によれば，請負と委任とは，役務提供者の負う債務の内容の区別，すなわち結果債務と手段債務の区別に応じて区分されると考えられています。しかし，委任契約上の債務の内容として（少なくとも，その一部として）結果の実現に関する債務が負担されることが否定されるべき理由はなく，またその点は請負契約上の債務の内容に関しても同様であると考えられます。また，役務提供者が結果の実現に関する債務を本来的に負担するかどうかという観点だけで，任意解除権や自己執行義務などに関する委任と請負の契約構造の相違を説明し切るのは，いかにも困難であるように思われます。

この点に関し，改正法ではいわゆる準委任構成が維持されることになり，この点をめぐる問題は解釈論上の課題として残されることになりました。もっとも，中間試案において，準委任に関する規定を，役務提供型の契約の受け皿としての機能を考慮した内容に改めることで，役務提供型の契約一般に妥当する規律をより適合的なものとするという考え方が示されていたことに，留意する必要があるように思われます。すなわち，中間試案の段階では，法律行為でない事務の委託を目的とする契約たる準委任の内部において，①委任の規定が全面的に準用される類型と，②契約において受任者の個性が重視されていないため，委任の規定のうち自己執行義務・任意解除権・委任の終了事由に関する規定が準用されない類型とを区分すること，また，後者の類型については「受任者の選択に当たって，知識，経験，技能その他の当該受任者の属性が主要な考慮要素になっていると認められるもの以外のもの」として表現することが提案されました。最終的にはこの提案は採用されず，準委任の内部において委任の規定が準用されるべきものと準用されるべきではないものとを一定の基準によって区別することは，重要な理論的・実践的課題ではあるものの，今後の解釈論上の問題として残されることとなりました。もっともこの点に関しては，準委任の内部での区分を試みるのであれば，むしろ，委任と同様の実質を有する本来の準委任というカテゴリーに含められるべき取引関係をより適切に把握するための理論枠組みを構築すること，そして本来的な委任・準委任とされるものの実質をより精密に捉えること，すなわち，雇用・請負を原型とする一般の役務提供契約と「本来的な委任・準委任」との本質的な差異を識別し，それを類型として切り出して形作ることこそが，まず取り組まれなければならない理論的課題となるように思われます。

　そこで，役務提供契約の性質決定の方法に関する解釈論の方向性については，私自身は次のような見通しを持っています。まず，第1に，準委任構成が維持され，またその準委任の中には，雇用・請負に類似した契約構造を備えるものまでもが含まれるということは，改正法の規定の構造として受け入れる以外にはありませんが，その上で，雇用・請負に類似する準委任については本来的な

委任に関する規定の適用を定型的に排除する，という帰結を導くための具体的な解釈論が模索されるべきであると考えています。すなわち，中間試案の規律方針を実現する新たな解釈論の必要性，ということになります。また，第2に，指揮命令権・使用従属関係によって雇用とそれ以外の区別がなされるという点に関しては，準委任構成が維持されかつ以上のような解釈論上の手当てがなされる限り，労働契約以外の労務の提供に関する契約についてまで「雇用」という枠組みで捉える必要はなく，この点は現状の通説的理解が維持されてよいと考えています。その上で，第3に，「本来的な委任」の契約構造については，一定の理論的基礎に基づいてより精密に把握することが求められるように思われます。この点については，まず，委任の本質は，対価の有無とは関係なく役務提供がなされること（無償性原則）にあり，この点において雇用・請負とはその構造を異にする，と考えられます。実際，現行法および改正法の委任の規律において，対価の有無は，委任という契約に関する規律の構造にほとんど影響しておらず，対価の有無によって任意解除権や自己執行義務の有無，注意義務の程度などが区別されることにはなっていません。そして，委任の典型契約冒頭規定において，報酬の有無については語られていないという点についても，報酬の有無が委任の本質的要素とは無関係なことを表現している，という理解が可能です。さらに，歴史的な観点をも踏まえて述べるならば，この無償性原則の基礎となっているのは，果実だけでなく費用や損失をも含めた契約上のあらゆる帰結の最終的な帰属主体となる地位が委任者に属するという契約構造である，と考えることができます。この点につき，委任者に占有（possessio）が帰属するという表現を用いるローマ法研究者もおられます。それによれば，占有者には果実が帰属するところ，報酬が委任の対価として支払われる場合には占有者への果実の帰属関係が曖昧となり，委任者の有する占有が害される危険性があるため，委任は無償でなければならないとされたのであり，従って，委任が無償であることの意義は，単に報酬の有無という点に尽きるものではなく，果実を含めた委任における帰結の全てが透明性をもって（ただし，受任者を経由して間接的に）委任者に帰属するということにあった，といった説明がなさ

れています。従って，委任に関する規律として，受任者は委任者に対し受取物の引渡義務および取得した権利の移転義務を負い（646条），また事務処理費用の支払いや受任者に生じた損害の賠償により受任者の損失を委任者が引き受ける義務を負う（650条）ものと定められているのは，以上の意味における無償性原則のコロラリーとして，「本来的な委任」の本性に由来する効果として，特徴付けられることになります。今回の改正法においては，現行法と同様に，報酬が対価として支払われるような役務提供契約も準委任に含まれることになりますが，少なくとも，以上の観点において「本来的な委任（および準委任）」に属さないと評価されるものについては，委任の規定の全面的な適用は避けるべきであると解されます。

　以上に述べたことを踏まえると，「本来的な委任」の性質決定の基準については，委任者の側に，事務処理を通じて受任者が取得した物や権利だけでなく費用や損失をも含めた当該契約上のあらゆる帰結の最終的な帰属主体となる地位が認められること，すなわちより実質的な意味において無償性原則からの規律が当該委任契約において貫徹されていることが，「本来的な委任」に関する本質的要素として含まれており，委任の下位類型としての「本来的な委任」に包摂されるかどうかは以上の基準によって判断すべきである，ということになります。従って，受任者の受領物引渡義務や費用・損失の引受けに関する委任者の義務などが当事者の合意によって一定程度排除され，その結果として委任契約上の全ての帰結の帰属主体となる地位が委任者にあると認めることができないような場合には，その契約は，雇用・請負類似の非本来的な（準）委任契約という（「本来的な委任」ではない）委任の下位類型に性質決定され，任意解除権などの「本来的な委任」としての性質に由来した法的規律の不適用という取扱いがなされるべきことになります。そのように考えますと，中間試案における「受任者の選択に当たって，知識，経験，技能その他の当該受任者の属性が主要な考慮要素になっていると認められる」かどうかという基準は，単に，委任契約上の全ての帰結の帰属主体となる地位が委任者に認められることの基礎となるべき動機の一部を表現したものに過ぎず，ここではより根源的に，以上の地

位が契約によって委任者に認められたのかどうかという観点に基づいて「本来的な委任」に包摂されるのか否かを判断すべきであると解されます。

なお，派生的な問題になりますが，受任者の利益をも目的とする委任における委任者の任意解除権・損害賠償義務（新651条2項）の規律についても，以上の視点に基づいて，次のように考えることができます。すなわち，ここでの受任者の利益に関し，新651条2項において「（専ら報酬を得ることによるものを除く。）」という注記が付されていますが，報酬とは異なる何らかの便益を受任者が享受しさえすれば「受任者の利益をも目的とする委任」となる，というわけではありません。学説上は，これを「委任事務処理と直接関係のある利益」という意味に解する立場もありますが，しかしながら，この点に関しては，この受任者の利益が認められる具体例として，学説上，「債権者が，債務者から，債務者が第三者に対して有する債権の回収の委託を受け，回収した金額を債務者に対する債権の弁済に充てることによって，債権の回収を確実にするという利益を得る場合」などが挙げられてきた，という点を踏まえて考える必要があります。すなわち，前述の観点を基礎とするならば，以上の場合が受任者の利益をも目的とする委任に該当するのは，債権回収という委託事務から生じた結果たる金銭が（受任者の有する債権額の限度で）受任者に帰属することが認められており，契約から生じる結果の帰属主体たる地位が委任者だけでなく受任者にも分属しているためである，という説明が可能です。このように，委任者の任意解除権を限界付ける「受任者の利益」の意味内容についても，「本来的な委任」における本質的要素に関する前述の理解と同様の枠組みにおいて把握することが可能であり，またそのように把握すべきである，ということになります。

4 要物契約の諸成契約化
4－1 要物契約の諸成契約化・総論

最後に，要物契約に関する規律の見直しについて，ごく簡単に取り上げておきたいと思います。

要物契約とは，目的物の引渡しが行われることによって成立する契約のことであり，現行法上，消費貸借・使用貸借・寄託の3種類が要物契約として規定されています。もっとも，消費貸借の予約に関する現589条の規定の存在が示しているように，要物契約に関しても，目的物が引き渡される前の段階において一定の債権債務関係が発生することが，現行法上も否定されているわけではありません。しかし，目的物引渡し前の段階でも消費貸借・使用貸借・寄託の各契約の成立が正面から認められるべきである，という主張が様々な観点からなされておりまして，改正法ではこの方向での要物契約の諾成契約化が図られました。

　もっとも，ここで注意を要することは，改正法において要物契約が単純に諾成契約化され，諾成的合意をするだけで，目的物引渡し後の要物契約におけるのと同様の完全な拘束力がその契約に認められることになったわけではない，という点です。今回の改正によって，消費貸借・使用貸借・寄託における要物性については見直しが行われましたが，ここでは，あくまでも契約の成立との関係において，物の引渡しをその絶対的な要件とすることが否定されたに過ぎません。改正法では，諾成的合意による場合についてはその契約の拘束力を制限または緩和するための各種の規律が，要物性の要請に代替する形で導入されています。より具体的には，改正法では，諾成的な消費貸借に関しては書面によって行うことが必要とされており，また，目的物の受取り前の段階における各要物契約の拘束力については，受取前解除権の制度などによってその拘束力が一定程度緩和されています。また，要物性の要請に代替するそれらの規律については，消費貸借・使用貸借・寄託の各契約類型の特性と，各類型における要物性の要請の趣旨とを踏まえ，契約類型ごとに異なる個別的な手当てが行われている点も重要です。これまでは，要物性の要請によって単純かつ画一的に引渡し前の段階における当事者の利益保護が図られていたわけですが，今後は，消費貸借・使用貸借・寄託の各類型における従来の要物性の要請が，どの当事者のいかなる利益を保護するためのものであったのかといった点に関するより実質的な考慮を踏まえて，受取前解除権などをめぐる解釈論をさらに組み立て

ていくことが求められることになります。

4－2 消費貸借における要物性の見直し

次に，要物契約の各類型における改正の内容について，具体的に見ていきたいと思います。まず，消費貸借については，改正法では，諾成的消費貸借を認めるべき実務上の必要性を踏まえつつ，その一方で，消費貸借に関する合意が安易になされることを防止すべき必要性も考慮して，新587条の2第1項において，諾成的合意による消費貸借は書面ですることを要する旨の規律が導入されました。また，この規定と並ぶ形で，従来の要物契約としての消費貸借に関する規定である現587条も維持されています。従って，改正法では，この要物契約としての消費貸借と，新たな要式契約としての「書面でする諾成的消費貸借」とが，契約の成立要件にかかる典型契約冒頭規定のレヴェルで二元的に並置されることになりました。

また，新587条の2第2項では，書面でする諾成的消費貸借が成立した場合でも，貸主から金銭等を受け取るまでは，借主は契約を解除することができる旨の規定が定められています。このように，改正法では，要物契約としての消費貸借とともに書面でする諾成的消費貸借を並列的に規定することと，借主に受取前解除権を付与すること，という2つの規律をもって従来の要物性の要請に代替する規律となし，とりわけ借主側における諾成的消費貸借上の債務の拘束力を制限または緩和すべき必要性に対応している，と特徴付けることができます。

なお，従来の学説においては，消費貸借における要物性の要請の意義は，借主が目的物の引渡しを受けるまでは返還債務が発生しないということ（返還債務の要物性）を意味するに過ぎない，と考える見解もありました。この見解によりますと，借主が目的物の引渡しを受けるまでは返還債務が発生しないということが要物性の要請の意義であり，要物性というのは消費貸借の成立要件ではなく目的物の返還請求の要件として要求されるに過ぎないとされ，そのような観点から，諾成的消費貸借の効力を認めることも要物性の要請に反するものではない，という帰結が導かれることになります。しかしながら，引渡しを受

けない限り目的物の返還債務が発生しないというだけのことであれば，賃貸借などにおいても全く同じ話にならざるを得ないように思われますが，賃貸借についてはローマ法以来一貫して諾成契約として理解されてきたことを踏まえますと，要物契約の各類型における要物性の要請の意義を返還債務の要物性という点に尽きるものと考えることは，要物契約に関する規律の説明としては説得的ではないように思われます。この点，私見としては，消費貸借における要物性の要請は，目的物の受取り前の段階で借主に契約上の拘束が及ぶことをできる限り抑止するという借主保護の観点から基礎付けられるべきものであり，諾成的消費貸借や消費貸借の予約も，以上の要物性の要請と両立し得る限りで認められるに過ぎないと考えています。改正法においても，要物契約としての消費貸借と要式契約としての諾成的消費貸借が，典型契約冒頭規定のレヴェルで並列的に規定されている点や，諾成的消費貸借における借主側の受取前解除権の規律によって，この意味における要物性の要請が維持されているものと考えることができます。

4－3 使用貸借の諾成契約化

次に，使用貸借に関しては，消費貸借の場合と異なり，完全に要物契約から諾成契約への転換が行われており，無方式で諾成的合意によって使用貸借をするということが可能となりました。しかし，やはりこの場合でも，従来の要物性の要請が担っていた機能については，それに代替する規律によって維持されています。それが，借用物受取り前における貸主の解除権について定める新593条の2の規律です。ここでは，書面による使用貸借の場合を除き，借主が借用物を受け取るまでは貸主は契約を解除できる旨定められており，軽率に無償の諾成的合意をした貸主を保護するという趣旨から，書面によらない使用貸借の場合については貸主に受取前解除権が認められています。

なお，やや細かい問題になりますが，書面によらない使用貸借における貸主の受取前解除権を放棄する旨の特約の効力についてはどうなるのか，という点が問題となります。この点については，まず，貸主の受取前解除権に関する以上の規律は，書面の方式性に依拠することによって借用物受取り前における諾

成的合意に十全な拘束力を付与するという，要式的な規律構造を採用したものと解されます。従って，諾成的合意の効力を補完すべき書面の方式性を，解除権放棄特約という単なる当事者の合意によって代替することを認めるのは，規律構造上の背理と言うべきものであり，そのような特約の効力は否定されるべきであると考えられます。この論理は，新550条における書面によらない贈与の解除権を放棄する特約の効力や，新657条の2第2項の書面によらない無償寄託における受寄者の受取前解除権を放棄する特約の効力などについても，同様に妥当することになろうかと思います。

また，使用貸借における借主側の解除権については，新598条3項により，借用物の受取りの前後や，書面による使用貸借であるか否かを問うことなく，借主はいつでも契約を解除できる旨定められています。無償で使用収益する権利を借主はいつでも自由に放棄できるものと解すべきであり，かつその趣旨は借用物受取り前の段階においても等しく妥当する，という趣旨に基づいた規定です。

以上において，使用貸借についての規律を具体的に見てきましたが，目的物受取り前の段階における契約の拘束力が緩和されると言いましても，具体的な規律の中身としては，借主側と貸主側とでその構造も趣旨も大きく異なるものでありまして，このような取扱いの差異とその具体的内実において，使用貸借という契約類型の構造や特質が強く投影されていることが分かります。このように，要物契約の諾成契約化は，その要物性の要請に代替する個別的・具体的規律を通じて，要物契約の各契約類型の特質がより明瞭に示されるようになるという帰結をもたらしており，今回の要物契約の諾成契約化が有する理論的な意義は専らこの点にある，と考えています。特に消費貸借においては，要物性か書面による要式性かという二元的な枠組みによって，合意の拘束力を支えるための一定の構造が契約の成立段階においてなお要求されており，また，それは寄託や使用貸借の取扱いとは大きく異なるということになります。このような，消費貸借とそれ以外における要物性に代替する規律の相違といった辺りも，それらの各契約の特質を注意深く反映させたものとして評価できると考えてい

ます。

4-4 寄託の諾成契約化

最後に、寄託についてですが、ここでは使用貸借におけるのと類似した取扱いがなされていることが分かります。まず、使用貸借と同じように、寄託についても要物契約から諾成契約への転換が行われています。また、寄託物受取り前における寄託者の解除権および損害賠償義務については、寄託者が任意に寄託契約から離脱する権利が寄託物受取りの前後を通じて同一の規律構造の下で承認されており、契約による利益を享受する側からの任意の契約終了を認めるという意味において、使用貸借における借主側の規律と類似した取扱いになっていると考えることができます。また、寄託物受取り前における受寄者の解除権については、新657条の2の第2項・第3項により、書面によらない無償寄託の受寄者に限り、寄託物受取り前における解除権が認められることになっており、他方、有償寄託や書面による無償寄託の受寄者については、寄託物が引き渡されない場合には相当期間を定めた引渡しの催告をもって解除可能となるという規律が置かれています。このように、目的物受取り前の受寄者の解除権についても、無償寄託の場合に限定した形で、使用貸借と同様の趣旨の規律が設けられていることが分かります。役務提供契約に関する説明の中で、役務提供契約の類型相互間における規律の水平的な平準化が図られていると述べましたが、使用貸借と寄託の間でも、要物性の要請に代替する規律の取扱いをめぐってその規律の平準化が図られている、ということになります。

このような改正法の方向性を踏まえると、今後の各種契約の取扱いに際しては、役務提供契約や従来の要物契約の各契約類型について、どの点について規律の連続性・整合性が求められるのか、どの点に関しては相互に異なる規律が必要となるのか、またそれらの異同の背後にはいかなる理論的基盤が存在するのか、といった観点からの理論的考察がさらに強く求められるようになると考えられます。こういった点も含めて考えるならば、各種契約の取扱いに際して、一定の変化は伴いつつも、契約の類型的特質に関係する現行法上の様々な規律構造が改正法においてもなお頑健に維持・保存されているということに関して

は，今後の法理論の発展を支えるべき重要な理論的基盤が保存されたものとして，むしろ積極的な評価が向けられるべきでありましょう。

それでは，以上で私からの報告を終わりとさせて頂きます。御清聴，ありがとうございました。

（本稿は，石川教授が，平成28年6月30日，司法研修所民事裁判教官室においてされた講演の講演録に基づき，加筆修正されたものである。）

（編集幹事）

執　筆　者　紹　介　（掲載順）
荒　木　尚　志　　東京大学大学院法学政治学研究科教授
小　塚　荘一郎　　学 習 院 大 学 法 学 部 教 授
石　川　博　康　　東京大学社会科学研究所教授

編 集 委 員	鈴　木　謙　也
	佐　藤　弘　規
	上　島　　　大
事　務　局	染　谷　武　宣
	住　田　知　也

司法研修所論集 2017（第127号）

平成30年3月

司　法　研　修　所

〒351-0194　埼玉県和光市南2丁目3番8号

電話　048(460)2000（代表）